世界から戦争がなくならない本当の理由

池上 彰

SHODENSHA SHINSHO

祥伝社新書

新書版まえがき

いまの上皇陛下は二〇一八年一二月の天皇として最後の誕生日会見で、「平成が戦争のない時代として終わろうとしていることに、心から安堵《あんど》しています」と述べられました。

平成の天皇が、どれだけ平和を願っていたことか。それは在位中、昭和の戦争の犠牲者の慰霊を続けられたことで明らかです。だからこそ、ご自分が天皇の時代に国内が平和だったことに安堵されたのでしょう。

また令和になって最初の国賓としてアメリカのトランプ大統領を招いた宮中晩さん会で、いまの天皇陛下は、次のように挨拶《あいさつ》されています。

「トランプ大統領ご夫妻が、前回のご訪問の折にお会いになった上皇陛下は、天皇としてご在位中、平和を心から願われ、上皇后陛下とご一緒に、戦争の犠牲者の慰霊を続けられるとともに、国際親善に努められました。今日の日米関係が、多くの人々の犠牲と献身的な努力の上に築かれていることを常に胸に刻みつつ、両国の国民が、これからも協力の幅を一層広げながら、揺るぎない絆《きずな》をさらに深め、希望にあふれる将来に向けて、世界の平和と繁栄に貢献していくことを切《せつ》に願っております」

いまの天皇もまた、上皇の思いを共有されていることを示す挨拶《あいさつ》でした。

しかし、平成の時代、世界では戦争が絶えることがありませんでした。世界の多くの人々が、戦争のない平和な時代を熱望しているはずなのに、なぜ世界から戦争がなくならないのか。

そんな素朴な疑問に答えようと、この本が生まれました。最初は戦後七〇年という節目の二〇一五年七月に単行本として刊行されましたが、今回新書版として装いを改め、読んでいただくことになりました。この四年間にも世界情勢は動き続け、多くの血が流されました。

悲しいことです。

この間、何が起きたのか。四年間の推移を盛り込みつつ、前著に加筆修正して、この形になりました。

「世界から戦争がなくならない本当の理由」という書名には、「だからこそ理由を解明して戦争をなくさなければならない」という思いが込められています。
こんな題名の本が出なくても済むような時代が来ることを願いつつ。

二〇一九年七月

ジャーナリスト・名城大学教授
池上 彰

目次

第一章　日本は本当に「平和」なのか？
――「平和国家」の光と影　35

第二章　アメリカは同じ過ちを繰り返す
――「戦勝国」の失敗の歴史　93

第三章　東西冷戦──実は今まで続いていた

第六章　終わることのない「中東」宗教対立　

本文写真／毎日新聞社　共同通信社　ロイター＝共同
　　　　ＰＰＳ通信社　時事　ＥＰＡ＝時事
編集協力／岡田仁志

序章

なぜ世界から戦争はなくならないのか

■「主語」のない曖昧《あいまい》な反省

広島平和記念公園にある原爆死没者慰霊碑には、よく知られた碑文が刻まれています。

「安らかに眠って下さい　過《あやま》ちは繰返しませぬから」――。

この言葉は、「主語」がないことで有名になりました。

もちろん日本語の場合、英語と違って主語のない文はよくあるので、それだけで話題になるようなことはありません。しかしこの碑文は、「主語は誰なのか」が長く論争になってきました。

言うまでもありませんが、七四年前の一九四五年八月六日、広島に人類史上最初の原子爆弾投下を行ったのは、日本と戦争をしていたアメリカの爆撃機「エノラ・ゲイ」です。それによって死没した人々を慰霊するのが、この碑文にほかなりません。

ところがそこには主語がないので、繰り返してはいけないのが誰の「過ち」なのかが、はっきりしないのです。日本人が作った慰霊碑ですから、「原爆による犠牲者が出たのは私たち日本人のせいだ」と言っているようにも読めます。アメリカのせいだと思っているならば、「繰返させませぬから」となるはずです。

原爆投下による民間人の虐殺は、国際法に反する戦争犯罪です。それ自体は、日本人が頭を下げる義理などありません。ですから、この主語のない碑文を「けしからん」と考える人もいます。原爆の犠牲者に謝罪すべきはアメリカだ、というわけです。

その一方、日本が戦争を始めたこと自体が「過ち」だったと考える人もいるでしょう。その「過ち」のせいで、最終的には原爆を落とされて多数の犠牲者を出してしまった。それを繰り返さぬよう、日本人が反省するのは当然だというわけです。

どちらの言い分にも、一理あると思います。どちらであれ、「過ち」を繰り返してはいけないことは間違いありません。七四年前に終わった戦争は、あまりにも多くの人命を奪い、社会を激しく破壊しました。あの悲惨《ひさん》

「過ちを繰り返さない」のは誰なのだろう（広島平和記念公園の原爆死没者慰霊碑）

な出来事を繰り返したいと思う人は、ひとりもいないでしょう。

でも、そのためには、単に「繰り返しません」と宣言するだけではなりません。親や先生に叱《しか》られた子どもや、刑務所を出所するときの元犯罪者なども、しばしば「もうしません」と言いますが、また同じ悪さを繰り返すことが少なくありません。

そこで必要なのは、しっかりと過去から学び、反省をして、現在と未来に活かせる教訓を引き出すことです。なぜ、戦争を起こしてしまったのか。どうして、それを食《く》い止めることができなかったのか。それを考えずに、口先だけで「過ちを繰り返すな」「戦争はもうしない」などと叫ぶだけでは、あまり意味がありません。

では、私たち人類は、七四年前のあの戦争――第二次世界大戦――をきちんと総括し、その教訓を活かしてきたのでしょうか。

残念ながら、ここで自信を持って大きく「イエス」と頷《うなず》くことはできません。

もちろん、戦争を起こさないための努力は進みましたし、「第三次世界大戦」と呼ばれるような大戦争が起きていないのはたしかです。しかし、この七四年の間に、世界はいくつもの「過ち」を繰り返してきました。いまこの瞬間にも、世界のどこかで紛争は起きています。

日本の場合、戦後七四年間を通じて、外国と戦火を交《まじ》えることはありませんでした。基本的には平和な時代を過ごしてきたと言えるでしょう。でも、先の戦争についてしっかり総括ができたかといえば、決してそんなことはありません。

原爆死没者慰霊碑に刻まれた「主語」のない曖昧な碑文は、その象徴のようにも感じられます。日本人は、過去に誰がどんな「過ち」を犯したかという責任の所在をはっきりさせず、戦争とまともに向き合うことを避けながら、この七四年間を過ごしてきたように思えてなりません。そうだとすれば、ふと気づいたときには、また同じ過ちを繰り返しているおそれがあるのではないでしょうか。

■戦争に懲《こ》りた結果、戦争を起こしたソ連

そもそも、戦争から教訓を得たからといって、それが必ずしも「不戦」につながるわけではありません。日本は平和憲法を作って一定の歯止めをかけましたが、戦争を経験した国が「もう絶対あんな目には遭《あ》いたくない」と考えて対策を講じた結果、自ら紛争のタネを作ることもあります。

たとえば、かつてのソ連（ソビエト社会主義共和国連邦＝現在のロシア）がそうでした。ソ

連は、第二次世界大戦中にもっとも多くの犠牲者を出した国です。その死者数は、なんと二七〇〇万人。日本のおよそ一〇倍もの人命が失われたのですから、ひどいトラウマになりました。

そこで、過ちを繰り返さないために、ソ連が何をしたか。彼らは、**二度と周辺国からの侵略を受けないようにするには、国境の外に緩衝《かんしょう》地帯を作らなければいけない**と考えました。国境を接したところに、自分たちに対抗する国があると、いつ攻め込まれるかわかりません。

そのためソ連は、西欧と自国の間にある東欧諸国を社会主義化しました。自分と同じ体制にしたのです。そして、この「共産圏」あるいは「東側」と呼ばれるグループの親玉になった。そうやって、ソ連の言うことを聞く国ばかりの緩衝地帯を作ったのです。こうすれば、西ドイツをはじめとする西欧諸国が簡単に攻め込んでくることはない。それが、過去の教訓から導き出したソ連の戦争防止策でした。

しかしこれによって、アメリカとソ連をそれぞれのリーダーとする東西冷戦が始まります。その名のとおり、戦火を交えることのない「冷たい戦争」でしたが、その対立が激化するにしたがって世界は緊張度を増していきました。詳しくはまた第三章で述べますが、米ソの緊張状態が核戦争寸前まで高まったこともあります。

　また、こうしたソ連のやり方は、本物の戦火も引き起こしました。発火点は、ソ連の南側にあるアフガニスタンという国です。

　もともとアフガニスタンは、自然環境が厳しく、特に大きな産業もない、眠ったような国でした。しかしイスラム教徒の国ということもあって、ソ連の支配下には入ろうとしません。ソ連にしてみれば、隣に自分の言うことを聞かない国があるのは恐ろしい。そこでソ連は、アフガニスタンの共産主義政党を支援してクーデターを引き起こし、政権を握らせま

ソ連は東欧諸国を資本主義との境界として共産圏に組み込んだが、アフガニスタンでは失敗に終わる（ヨーロッパ地図上の白色は中立国）

した。しかしそれに反対する勢力によるクーデターも起きて、手のつけられない状態になってしまったため、一九七九年にソ連軍が軍事介入をします。

このアフガニスタン紛争は、一九八九年まで続きました。先の大戦から得た教訓を〝活かした〟結果、ソ連はアフガニスタンで一〇年にも及ぶ戦争をしたわけです。

それだけではありません。**ソ連のアフガニスタン侵攻は、めぐりめぐって、その後アメリカが起こしたイラク戦争やIS（いわゆるイスラム国）の台頭など、中東における混乱や危機を生み出す遠因にもなりました。**「もう戦争は懲《こ》り懲《ご》りだ」と反省したはずなのに、その教訓は平和を生んでいないのです。

■戦争の「成功体験」が過ちを生む

一方、戦争の成功体験から得た教訓が、次の失敗を引き起こすこともあります。たとえば一般企業でも、大ヒット商品の成功体験に味をしめて、二番煎《せん》じの商品を出して失敗することは少なくありません。うまくいくと次も同じ手が通用すると思い込んでしまうのは、人間の悲しいところです。

たとえば、第二次世界大戦で勝利を収めたアメリカは、「もう世界に怖いものはない」と

アメリカは戦争から何も学ばなかった

東西冷戦	**朝鮮戦争(1950〜53)** 朝鮮民主主義人民共和国（北朝鮮）と大韓民国（韓国）との間で勃発した紛争にアメリカを中心とした戦闘部隊が介入。休戦はしたものの今もなお平和条約は結ばれていない	
東西冷戦	**ベトナム戦争(1964〜75)** 南北に分裂したベトナムの統一をめぐって起こった紛争。東南アジアの共産化を恐れたアメリカが参戦。悲惨な戦争報道に多くの反戦運動が起こり撤退。アメリカに深い傷を残す	
	湾岸戦争(1991) イラクのクウェート侵攻により勃発した戦争に、アメリカは「国連の決議に基づいた軍事的制裁」として多国籍軍を派遣。イラクの敗戦で停戦はしたものの、武装解除が新たな問題となった	
	アフガニスタン戦争(2001〜) アメリカ同時多発テロ事件を起こしたアルカイダを巡りタリバン政権と衝突。首謀者のビンラディンは暗殺したもののタリバンはまだ勢力を拡大。対テロ攻撃がまた新たなさらにテロを生むことに	
	イラク戦争(2003〜11) フセイン政権が国連からの調査を拒んだことにより、大量破壊兵器の製造の疑いが浮上。アメリカとイギリスが攻撃を開始。結局ミサイルも核も見つからず、アメリカに世界の批判が集中した	

いうぐらいに自信を深めました。強烈な成功体験を得たわけです。

しかし、その後の戦争はあまりうまくいきませんでした。大戦の終結から五年後の一九五〇年には朝鮮戦争に参戦しましたが、これはどちらが勝ったとも言えないまま、現在も休戦状態が続いています。

でも、そこでアメリカが戦争に懲りたわけではありません。一九六〇年代になると、アメリカはベトナム戦争に参戦しました。朝鮮戦争もベトナム戦争も、共産主義の拡大を食い止めるための戦争です。ベトナムとの間には圧倒的な兵力差がありますから、アメリカとしては簡単に勝てると思っていたことでしょう。

ところがアメリカは、ここで初めて戦争に負けました。あそこまで明白な失敗をしでかすと、人間はやはり反省します。ベトナム戦争で深く傷ついたアメリカは、それからしばらく、本格的な戦争を避けていました。

しかし東西冷戦が終わると、また戦争を起こします。一九九一年、イラクのクウェート侵攻に端を発する湾岸戦争です。ただし当時の米大統領ジョージ・H・W・ブッシュは、ベトナムでの苦い教訓を活かしました。アメリカ一国だけではベトナム戦争の失敗を繰り返すことになると考えたブッシュ大統領は、各国との交渉に半年ほど時間をかけて多国籍軍を組織し、「国際社会の総意に基づく戦争」という仕組みを作り上げたのです。

米軍を中心とする多国籍軍はイラクをクウェートから追い出すことに成功しました。戦争を起こしたこと自体は問題ですが、アメリカにとってはまさに「失敗は成功の母」となった事例と言えるでしょう。この成功によって、アメリカは「ようやくベトナム戦争のトラウマを拭《ぬぐ》い去った」と言われました。

しかしながら、湾岸戦争の成功はまた次の失敗を生みます。息子のほうのジョージ・W・ブッシュ大統領は、パパ・ブッシュの戦争がなぜ成功したのかをちゃんと理解していなかったのかもしれません。単に「アメリカは強い」と思い込んでしまったのか、二〇〇一年の同時多発テロを受けて始めたアフガニスタン戦争とイラク戦争は、湾岸戦争のような国際協力体制を整えずに、ほぼアメリカ一国のみで戦いました（イギリスは協力）。その結果、アフガニスタンもイラクもベトナム戦争と似たような泥沼状態に陥《おちい》り、アメリカの戦争は大失敗してしまったのです。

■攻められたときに強い国が攻めても強いとはかぎらない

戦争の成功体験によって躓《つまず》いた国は、アメリカだけではありません。たとえば中国も、日本との戦争を通じて、ある種の成功体験を得ました。

あのとき中国共産党が選択した戦術は、いわゆる「人海戦術」です。日本軍が攻めてくると、共産党の紅軍《こうぐん》（現在の人民解放軍）はあまり抵抗せず、大陸の奥地へ逃げていく。大した武器は持っておらず、装備の点では自分たちのほうが優っていましたから、日本軍は「これは簡単に勝てる」と思うでしょう。

ところが、逃げる紅軍を追っていくうちに、ふと気づくと膨大な数の敵に取り囲まれて身動きが取れなくなっています。相手の武器は貧弱でも、人数で圧倒されると勝ち目がありません。こうして「人民の海」に溺《おぼ》れるような形で、日本軍の多くの部隊がやられたのです。

もちろん、中国が第二次大戦の戦勝国となったのは日米戦争でアメリカが勝ったからですが、「抗日」を掲げて中華人民共和国を成立させた中国共産党にとっては、これがひとつの成功体験となりました。

これが仇《あだ》となったのが、一九七九年に起きたベトナムとの戦争（中越《ちゅうえつ》戦争）です。第七章で詳しくお伝えしますが、ベトナムの侵攻によってカンボジアのポル・ポト政権が崩壊した後、それまでカンボジアを支援していた中国は、ベトナムに侵攻しました。

でも、当時の人民解放軍は、自国に侵攻を受ければ人海戦術で戦えますが、よその国に攻め込むほどの力はなかったのです。しかも、相手のベトナム軍はアメリカとの戦争で豊富な実戦経験を積んでいる上に、撤退した米軍が残した最新兵器で武装していました。

そのため、中国の人民解放軍は一カ月も経《た》たないうちにベトナムから撤退せざるを得なかったのです。この中越戦争における失敗が、中国が軍の近代化に着手するきっかけになりました。

ただしこの一連の紛争では、ベトナムも大きな痛手を受けています。たしかに対米戦争では勝利を収めましたが、それは中国と同様、「守りの戦争」における成功体験でした。

自国に攻め込まれると、誰でも死に物狂いで戦うものです。だから実力以上のパワーが発揮されて、強い相手に勝つこともあるでしょう。しかし、それが国外でも通用するという保証はありません。他国から攻められたときに強い国が、他国を攻めたときにも強いとはかぎらないのです。

実際、あの米軍を必死で追い払ったベトナムも、カンボジア侵攻では相当な苦戦を強《し》いられました。ポル・ポト政権は打倒したものの、カンボジアから撤退するまでの間に、ベトナム軍は五万人もの戦死者を出しています。これは、ベトナム戦争における米軍の死者数とほぼ同じ。米中を立て続けに下したベトナムですが、その両国と同様、やはり過去の成功体験に基づく戦争で、大きな犠牲を払ったのです。

■アフガニスタンで「過ち」を繰り返す大国たち

このように、戦争から得た教訓を活かすのは簡単ではありません。痛い目に遭《あ》ったときだけ反省し、勝てば「次もイケる」と考えているようでは、戦争はなくならないでしょう。ほとんどの戦争はどちらかが勝って終わるのですから、その成功体験が必ず次の戦争を呼び寄せることになり、「負の連鎖」が延々と続いてしまうのです。

また、自分たちが痛い目に遭ったときはその失敗を反省して次に活かす国が多いのですが、他国の失敗からはあまり学ぼうとしません。「人のふりみてわがふり直せ」とか「もって他山《たざん》の石とする」とかいう言葉がありますが、それが難しいからこそ、諺《ことわざ》になっているのでしょう。

いかに世界が他人の失敗を「他山の石」にできないかは、アフガニスタンという国に注目するとよくわかります。あの国に手を出して痛い目を見たのはソ連だけではありません。**過去を振り返ると、アフガニスタンに介入して無事に済んだ国はひとつもないのです。**

たとえば、イギリスがそうでした。名探偵シャーロック・ホームズが活躍するコナン・ドイルの作品がお好きな方なら、あの時代（ホームズシリーズの第一作は一八八七年の刊行）にイギリス軍がアフガニスタンで苦しんだことを印象深く覚えているかもしれません。シリーズ最初の作品で、ホームズが後《のち》の相棒となるワトソンに初めて会ったとき、「君はアフガニスタン帰りだね」とずばり言い当てたからです。いわば、ホームズが読者に披露した最初の「推理」でした。

ホームズは、ワトソンが軍医であることをあらかじめ知っていました。そのワトソンが「アフガニスタン帰り」であると推理したのは、彼が日に焼けており、ひどく疲れた様子だったからです。一九世紀頃、イギリス軍の関係者が日に焼ける土地というと、アフガニスタン以外にない。しかもイギリス軍はその地で苦戦を強いられている。したがってこの軍医はアフガニスタンに従軍していたに違いない――というわけです。作者のドイルがホームズにそんな推理をさせたくなるぐらい、イギリスはアフガニスタンで辛《つら》い思いをしていたということでしょう。

一九世紀の後半から二〇世紀初頭にかけて、イギリスは中央アジアの覇権をめぐってロシアと対立していました。その両国の抗争全体を「グレートゲーム」と呼びます。その間に何度も勃発したアフガニスタン戦争もその一端です。

コナン・ドイルがホームズシリーズを書いた当時、アフガニスタンで戦争をしたイギリス人は将校だけで、兵隊は植民地のインド軍でした。一八四二年には、そのイギリス・インド連合軍がアフガニスタン兵の襲撃を受け、一万六〇〇〇人が全滅するという大事件が起きます。たったひとりだけが命を助けられ、「おまえは生かしてやるから、部隊が全滅したことを本国に伝えろ」と釈放されたという逸話も残っているぐらいですから、完全にアフガニスタンに弄《もてあそ》ばれたような状態だったのでしょう。これに懲りて、イギリスでは「アフガニスタンには手を出すな」と言われるようになったのです。

しかし、その教訓が他国には共有されていません。先ほど紹介したとおり、二〇世紀終盤には、まずソ連がアフガニスタンに手を出し、痛い目に遭いました。ソ連という国が崩壊するきっかけのひとつにもなったのですから、きわめて深刻なダメージです。

さらにアメリカも、イギリスとソ連の失敗に学ぼうとはしませんでした。9・11のテロの報復のために、彼らもまたアフガニスタンに介入し、失敗してしまったのです。そこには、もうアフガニスタンに手を出したくなかったはずのイギリスも巻き込まれました。うっかり介入したばかりに、軍隊を引き揚《あ》げたくても引き揚げられない泥沼になり、多数の兵士が死んでいく悲惨な状態になってしまったのです。

■戦争が戦争を生む「負」の連鎖をいかに断ち切るか

ちなみに、アメリカのアフガニスタン戦争に巻き込まれたのは、イギリスだけではありません。最初にアフガニスタンを攻撃したのはアメリカとイギリスでしたが、その後この両国は本隊をイラク攻撃に向かわせました。そこでアフガニスタンに送り込まれ、治安維持にあたったのは、NATO（北大西洋条約機構）軍です。

NATO軍といわれても、そこにどんな国が参加しているのか、日本人はあまりよく知らないでしょう。ドイツ軍やカナダ軍やイタリア軍などが入っていることは誰でも想像がつくと思いますが、いまはリトアニア軍もNATOのメンバーです。

リトアニアは、かつてソ連の一部でした。ですからソ連がアフガニスタンに侵攻したときは、そこにリトアニア人の兵士も含まれていたかもしれません。

そのソ連が崩壊した後、リトアニアはロシアの脅威から身を守るためにNATOに加盟します。それによってドイツ軍やイタリア軍などがリトアニアに駐留し、ロシアに対抗してくれるようになりました。

そうなると、自分たちばかり恩恵を被《こうむ》るわけにはいかないでしょう。その代償として、NATOからアフガニスタンへの派兵を要請されれば断ることはできません。**ソ連に支配さ**

れていても、NATOの加盟国になっても、どちらにしてもアフガニスタンとは縁が切れないわけです。

私はリトアニアを訪れて初めて知ったのですが、アフガニスタンの治安維持活動では、リトアニア軍の兵士たちも死んでいます。日本ではほとんど報道されませんが、それが世界の現実です。

リトアニア人にしてみれば、なぜ自国の若者がアフガニスタンで殺されなければならないのか、よくわからないのではないでしょうか。これはもともと、イスラム過激派の対米テロから始まった話です。リトアニアとは、何の関係もありません。それなのに、気がついたら遠いアフガニスタンに派遣され、何の恨《うら》みもない相手に命を奪われているのです。

このような形で戦争に巻き込まれているのは、リトアニア人だけではないでしょう。戦争という「過ち」の連鎖によって、世界各地で似たようなことが起きているはずです。**戦争の成功体験が次の戦争を招くだけでなく、「もう戦争は懲り懲りだ」と反省しても、それがまた次の戦争の引き金になる。**それが、この七四年間の世界でした。

その意味で、戦後の人間社会は、日本も世界も、自分たちの起こした戦争についてきちんと総括し、そこから十分な教訓を引き出したとは言えません。だから、「過ちを繰り返す」

という「過ち」を犯しているのです。

では、戦争が戦争を生んでしまう悪循環を断ち切るには、どうしたらいいのか。これはそう簡単なことではありませんが、やはり、まずは自分たちの過去としっかり向き合うことが大事でしょう。戦争の教訓を将来に活かすには、歴史に学ぶしかありません。世界各地で起きた戦争の理由を知ることで、私たちは未来を変えていけるのです。本書がそのヒントになれば幸いです。

第一章

日本は本当に「平和」なのか？

――「平和国家」の光と影

■二三〇万人もの戦没者を出した責任の追及を他人任《ひとまか》せに

間違いや失敗を犯したときは、自らその原因を明らかにして、再発防止に努めるのが普通です。その上で、責任者が辞職することでけじめをつける。そうやって責任の所在を明確にすれば、次の責任者は「同じことを繰り返すと自分も辞めなければならない」と考えるので、再発防止にもつながるでしょう。

一般企業の場合、そうやって次につながる形で反省をしなければ、株主は許してくれません。単に「すみません、もう失敗しないように頑張ります」と言っただけでは、反省したことにならないのです。

では、私たちの国である日本は、七四年前の戦争をどのように反省したでしょうか。

日本はあの戦争で、二三〇万人もの戦没者を出しました。数字については諸説ありますが、これは現在の名古屋市の人口に匹敵する数。国内有数の政令指定都市が丸ごとひとつ消えてなくなるのと同じレベルの犠牲を払ったのです。

その中には、原爆を含むアメリカの空襲によって亡くなった数十万人の犠牲者も含まれていますが、およそ四割は戦地での餓死や病死でした。つまり、敵国の軍隊に殺されたわけではない。国が無謀ともいえる戦争を始めた（あるいは始めた戦争を早くやめなかった）ことで、多くの兵士が命を落としたのです。

それだけの犠牲を出した以上、（原爆死没者慰霊碑の「過ち」が何を指しているかは別にして）これはやはり国としての「過ち」だったと考えざるを得ません。しかも日本はその戦争に負け、国土もひどく荒廃しました。その責任を問うことを通じて、具体的な再発防止策を講じなければ、国として先には進めないはずです。

ところが日本は、それを他人任せにしてしまいました。

日本の戦争を裁いたのは、終戦の翌年（一九四六年）から一九四八年まで行われた極東国際軍事裁判、いわゆる「東京裁判」です。その前にも後にも、日本人は自分たちの手では戦争責任をまったく裁いていません。

東京裁判は、戦勝国が敗戦国を一方的に裁くものでした。戦争犯罪は戦争の勝敗とは関係がなく、勝った国も

東條英機は東京裁判でＡ級戦犯に指定され、他の６人とともに1948年12月23日、絞首刑に

負けた国も犯しています。ですから、これは決して公平な裁判とは言えません。

たとえば民間人を無差別に殺すのは国際法に反する戦争犯罪です。広島、長崎への原爆投下や東京大空襲などのアメリカの行為は、間違いなくこれにあたるでしょう。

米軍自身も、「これを実行して戦争に負けたら、われわれは戦争犯罪人になるだろう」と、国際法違反であることを自覚した上で、東京大空襲の計画を立てたと言われています。しかし結果的に勝ったので、彼らは罪を問われなかった。サッカーで言うなら、勝ったチームの選手だけが試合後にイエローカードやレッドカードを取り消され、次の試合で出場停止処分にならなかったようなものです。

■東京裁判は一方的なものだった

また、東京裁判の対象となった戦争犯罪の中には、いわゆる**「事後法」**によって裁かれたものがありました。「平和に対する罪」という罪状です。

具体的には、「侵略戦争または国際条約・協定・保障に違反する戦争の計画・準備・開始および遂行、もしくはこれらの行為を達成するための共同の計画や謀議に参画した行為」を犯罪とみなす考え方です。これは、第二次世界大戦が終わってから決められたもので、それ以前は、これを戦争犯罪とする国際法はありませんでした。**後から作った法律を、過去の行為に適用したわけです。**

　これは、裁判の原則に反します。その行為をした時点で違法でなかったならば、事後法で裁いてはいけません。ところが東京裁判では、この「平和に対する罪」に問われた日本の指導者たちが、いわゆる「A級戦犯」として処罰されました。

　ちなみに「A級戦犯」とは、この罪状が「a項目」だったからそう呼ばれたのであって、B級やC級より罪が重いという意味ではありません。それ以外にも二つの罪状があり、b項は捕虜の虐待などの通常の戦争犯罪、c項は「人道に対する罪」でした。c項も事後法でしたが、これは主にユダヤ人の絶滅を目指したナチスドイツの行為を想定したもので、日本を相手にした東京裁判では適用されていません。

　ともあれ、**戦勝国による一方的な裁判だった点でも、事後法が適用された点でも、東京裁判はまっとうな裁判だったとは言えないでしょう。**そのため現在でも、A級戦犯を祀《まつ》った靖《やす》国《くに》神社の扱いをはじめとして、東京裁判をめぐる議論が絶えません。

　しかし、たとえ問題のある裁判だったとしても、当時の日本はその判決を受け入れました。アメリカ・イギリス・中華民国（および後にそれを追認したソ連）が日本に降伏を求めた

「ポツダム宣言」にも、降伏した場合は裁判で戦争責任が追及されると書かれています。それを受諾して降伏した以上、一方的な裁判でも日本は文句を言えません。

それに、もしこの裁判が日本の戦争責任を問う場として認められないならば、あらためて自分たちでそれをやる必要があったのではないでしょうか。それをしていないから、反省の仕方が曖昧になってしまいました。その時点でボタンのかけ違いがあったので、現在でも「一方的な東京裁判が間違っている。日本は悪くなかった」という考え方が残っているのです。

しかし、仮に東京裁判が理不尽なものだったとしても、日本に戦争の責任がなかったということにはなりません。それはまた別の話です。

■自ら徹底的に反省したドイツと日本の違い

ところで、第二次大戦で日本と同じ敗戦国となったドイツも、戦勝国による裁判でその罪を裁かれました。「ニュルンベルク裁判」です。こちらは「人道に対する罪」も適用され、多くのナチス幹部が死刑や終身刑などの有罪判決を受けました。

しかしドイツの場合、日本と違って、ニュルンベルク裁判だけで戦争の総括を終えたわけではありません。**その後も自分たちで、徹底的にナチスの戦争を反省しました。**

たとえばドイツでは、ヒトラーやナチスを賞賛する言論が法律で禁じられています。ナチスが行ったホロコースト（ユダヤ人の大量虐殺）やアウシュビッツの強制収容所が「本当はなかった」などと主張することも禁止です。

また、ドイツでは自動車のナンバープレートのアルファベットと数字の組み合わせを自分で選ぶことができますが、最初の二文字を「ＳＳ」とすることはできません。「ＳＳ」はナチス親衛隊の略称だからです。名前の頭文字が「ＳＳ」の人はちょっと残念な気持ちになるかもしれません。

しかしドイツは、**言論の自由や表現の自由という基本的人権を制限してまでも、自分たちの戦争を反省することを選びました。**その徹底した姿勢が、ナチスドイツの被害を受けた周辺国にも受け入れられています。最初にドイツ軍の侵攻を受けたポーランドあたりでも、反省するドイツに対して「許そう、しかし忘れまい（Forgive, but never forget）」という格言がしばしば使われました。

一方、戦後の日本でも、戦争に関連する言葉を公文書で使用することが禁じられましたが、こちらは日本が自ら決めたことではありません。米軍を中心とするＧＨＱ（連合国軍最高司令官総司令部）の命令によるものです。

たとえば日本では、あの戦争のことを「大東亜《だいとうあ》戦争」と呼んでいました。大東亜とは、東アジアと東南アジアのこと。その地域を欧米の植民地支配から解放して「大東亜共栄圏」を作り上げるのが、日本の大きな目的だったのです。しかしGHQは、軍国主義につながる言葉として「大東亜戦争」の呼称を禁じ、「太平洋戦争」としました。

でも、これはあまり正確な表現ではありません。アメリカから見れば日本との戦争は「太平洋戦争」でしょうが、日本はその前から、満州事変（一九三一年）に始まる中国大陸での戦争を行っていました。ドイツ軍のポーランド侵攻（一九三九年）を端緒とする第二次世界大戦の枠組みにも収まらないので、「大東亜戦争」を使わないとなると、全体をどう呼ぶかはなかなか難しい問題です。「十五年戦争」と呼ぶ人もいますが、最近は「アジア・太平洋戦争」が主流になってきました。

しかしGHQの押しつけに反発して、相変わらず「大東亜戦争」を使う人もいます。**戦争の名称さえはっきりしないのですから、それに対する反省が曖昧なものになるのも当然かもしれません。**これも、戦争の総括を戦勝国に任せてしまい、自ら徹底的に反省しなかったことによる弊害と言えるでしょう。

　ちなみに、二〇一五年三月の参議院予算委員会で自民党の女性国会議員が「日本が建国以来、大切にしてきた価値観」などと紹介して物議を醸《かも》した「八紘一宇《はっこういちう》」も、ＧＨＱが公文書での使用を禁じた言葉のひとつです。

　八紘一宇は、もともと「天下をひとつの家のようにする」という意味で、決して悪い言葉ではありません。しかし戦時中は日本のアジア侵略を正当化するためのスローガンになっていたと見なされ、ＧＨＱに禁じられました。

　もしドイツのように日本が自ら禁止したのであれば、その使用の是非が議論になることはなかったでしょう。

日本国憲法公布の祝賀式典。現在の憲法はGHQが作成した草案を元に作られた

「大東亜戦争」も「八紘一宇」も、「アメリカが勝手に規制した」という思いが残っているから、あえて使う人も出てくる。自分たちで決めたのであれば、使うにしろ使わないにしろ、議論の余地はなかっただろうと思います。

■新憲法はなぜGHQに「押しつけられた」のか

ＧＨＱに「押しつけられた」といえば、もっと大きな問題はやはり憲法でしょう。日本国憲法が「押しつけ憲法」なのかどうかは議論のあるところですが、少なくともドイツと日本の間には、その制定過程にかなりの違いがあります。

そもそもドイツと日本は、終戦時の政治体制が同じではありません。日本は戦争中の政府が（天皇を含めて）そのまま残りましたが、ドイツは権力の中枢にいたアドルフ・ヒトラーが自殺したこともあって、中央政府そのものが崩壊していました。東側からソ連、西側からアメリカとイギリスが攻め込み、連合軍が国土を占領した時点で、ドイツ政府は存在しなかったのです。

政府が存在しないのでは、新しい憲法も占領軍に「お任せ」になりそうですが、実際は逆でした。各州の自治体は存続していたので、連合軍はその代表者を集めて新憲法を作らせたのです。その結果、ドイツは連邦制を採用し、州が大きな力を持つ体制になりました。たとえば日本の文部科学省にあたる教育省は、中央にはありません。各州に教育省があり、教育カリキュラムなどはそれぞれの州が独自に定めています。

当時のドイツは分断されていたので、この憲法を作ったのは西ドイツでした。いずれ東ドイツと統一されるまでは憲法を制定すべきではないという考え方に基づいて、これは「憲法」ではなく「ドイツ連邦共和国基本法」と呼ばれています。一九九〇年に東西ドイツは統一されましたが、ドイツ民主共和国（東）がドイツ連邦共和国（西）に吸収される形で一緒になったので、いまも名称は変わりません。

ともあれ、現在のドイツ憲法はドイツ人が自ら作り上げたものです。それに対して、日本はどうか。当初ＧＨＱは、日本政府に新憲法の制定を命じました。ドイツと違って中央政府が残っていたので、こちらのほうが話は早かったはずです。

ところが日本政府の考えた新憲法は、明治時代に作られた大日本帝国憲法とほとんど変わらないものでした。旧体制の政府がそのまま残っていたからこそ、新しいものを作りにくかった面もあるでしょう。その草案は早い段階で毎日新聞にスクープされ、記事を見たダグラス・マッカーサー（ＧＨＱ最高司令官）を激怒させました。

「日本人に任せておくと民主的な憲法はできない」

そう判断したマッカーサーは、GHQ内部に草案作りを命じます。それからおよそ一週間後にできあがった日本国憲法の草案は、日本政府を驚かせました。自分たちで作ろうとしていたのに、突如GHQの考えたものを渡されたのですから、うろたえるのも当然でしょう。しかも、英語で書かれたものを翻訳しようとすると、「天皇は日本のシンボルである」と書かれていて、どう訳せばいいのかよくわからない。最終的には「象徴」と訳しましたが、日本政府が想定していない内容の憲法だったことはたしかです。

■独立回復後も日本人は自主的に憲法を作らなかった

そのため「アメリカに押しつけられた」と見る人たちも多いのですが、とはいえ日本は、GHQの草案をそのまま丸ごと受け入れたわけではありません。

たとえば、GHQの草案では国会が一院制になっていました。明治憲法時代の貴族院を廃止して、衆議院だけにするというのです。しかし政府は、チェック機能を働かせるために日本では二院制がふさわしいと考え、参議院を加えました。そういうことができるプロセスがあったのですから、完全な「押しつけ憲法」とは言えないでしょう。日本が自分の手で修正し、日本の国会で審議して可決したのですから。

もちろん、日本国憲法にGHQの意向が色濃く反映されていることは間違いないのですが、これは不変のものではありません。憲法には改正条項がありますから、もし日本人が「押しつけ憲法はイヤだ」と思うなら、いつでも書き換えることができます。

実のところ、その草案を作ったアメリカ自身も、日本がそれをそのまま使い続けるとは思っていませんでした。とりあえず自分たちが占領している間に憲法を作らせたものの、連合国による占領状態が終わり、日本が正式に独立すれば、あらためて独自の憲法を制定するだろうという見方が強かったようです。

でも、そうはなりませんでした。一九五二年四月二八日、サンフランシスコ講和条約の発効によって日本の独立が回復しましたが、それ以降、今日にいたるまで、日本国憲法は一文字たりとも書き換えられていません。GHQで草案作りに関わったアメリカ人の中には、「まだあのときのままなの？」と驚く人もいるでしょう。

言うまでもなく、日本国内には改憲を求める勢力もあります。いまは安倍晋三《あべしんぞう》政権がそれに向けた動きを強めていますから、今後はどうなるかわかりません。

しかし少なくとも戦後の長い間、日本人は衆議院選挙で、改憲に必要な三分の二以上の議席をその勢力に与えませんでした。戦勝国に押しつけられたものだとしても、基本的に日本人はそれを良いものとして受け入れてきたわけです。

これは、考えようによっては実に不思議なことと言えるでしょう。「鬼畜米英《きちくべいえい》」という言葉もあったように、戦争中の日本人はアメリカという国に強い憎しみの感情を抱いていました。そのアメリカに負けて占領という屈辱を受けたのですから、与えられた憲法に対する反発があるのが自然といえば自然です。

■不思議なほどアメリカを憎まない戦後日本人

しかし、占領軍として日本人の前に現れたアメリカは、それまでイメージしていた「鬼畜」ではありませんでした。

日本人がいかに米軍による占領を恐れていたかは、たとえば沖縄の女性たちの対応を見ればわかるでしょう。沖縄戦は一九四五年六月二三日に終結しましたが、そのとき女性たちが手榴弾を与えられたのは、米兵による陵辱《りょうじょく》を受ける前に自害したほうがいいと考えたからです。米軍が来れば、女性はみんな強姦《ごうかん》された上で殺されると思っていた。本土も同じで、一般の女性たちが強姦の被害に遭わないように、政府が合法的な売春婦を全国から募集して、米軍の占領に備えたりしていました。

　実際、そういう蛮行に及ぶ軍隊は珍しくありません。たとえば第二次大戦でドイツやポーランドに侵攻したソ連軍は、現地の女性たちを見境なく強姦しました。それに対する抗議の声が高まり、「こういう批判がありますが、いかがいたしましょう」と部下に問われたスターリンは、**「戦争で辛《つら》い思いをしている兵士にも娯楽が必要だろう」**と答えたといいます。驚くべき発想です。そのためソ連軍には、日本が国際社会から批判されている慰安婦が必要なかったわけですが、どちらがより批判されるべきかは明らかでしょう。そのため東欧諸国の人々は、ソ連軍に対して強い恐怖感を抱い

「ギブ・ミー・チョコレート」と占領軍に群がる子どもたち。「鬼畜米英」から一転、優しいアメリカ兵像が作られた

ています。

そんなケースもあるので、日本はあらかじめいろいろな手当を講じたのですが、沖縄でも本土でも、米軍は日本人が想像していたような手当たり次第の乱暴など振るわず、むしろフレンドリーでやさしい存在でした。ジープで走りながらチョコレートを投げるので、子どもたちが「ギブ・ミー・チョコレート」という英語を覚えて、それを追いかけたほどでした。

そのせいか、戦後の日本人には、戦中の「鬼畜米英」がウソのように、アメリカを憎む気持ちがありません。たとえば以前、こんな話を聞きました。9・11の同時多発テロでアメリカがひどい目に遭ったとき、テヘラン在住の日本人女性が、イラン人たちにあちこちで「おめでとう」と声を掛けられたというのです。

イランは反米感情の強い国ですから、かつてアメリカに原爆まで落とされて戦争に負けた日本人は、自分たちと同じ気持ちだと信じて疑わなかったのでしょう。しかし、そこで「おめでとう」と言われて「ありがとう」と喜ぶ日本人はほとんどいません。大半の日本人は、あのときアメリカに同情したはずです。実際、イラン人にそう言われた日本人女性も、ビックリしてポカンとしてしまったそうです。

先日、ある大学の学生の前でチベット仏教のダライ・ラマと対談したのですが、そこで彼はこんなことを言いました。

「日本人の皆さんは、アメリカからあんなにひどい目に遭わされたのに、アメリカ人を許しているでしょう。それが大切なのです」

たしかに、いまの日本人の対米感情を外から見れば、私たちがアメリカを許したように感じられるでしょう。でも、**ほとんどの日本人は、アメリカを「許した」とさえ思っていない。むしろ、軍国主義だった日本を民主化してくれたことに感謝しているようにさえ見受けられます。**

序章の冒頭で紹介した原爆死没者慰霊碑の碑文も、このあたりの心理と関係があるのではないでしょうか。アメリカを憎む気持ちがないから、原爆投下もはっきりと「アメリカの過ち」と書かず、主語のない曖昧な表現になったように思えます。

■与党が改憲を目指し、野党が護憲を主張する「ねじれ」現象

いずれにしろ、アメリカを中心とするGHQによる占領統治は、日本人が思っていたほど悪いものではありませんでした。憲法も例外ではありません。与えられたものとはいえ、いざ新しい憲法を使ってみたら、昔よりも居心地がいい。戦争で負けたのに憲法が昔より良く

なったのですから、まさに「結果オーライ」です。

もし日本が戦争に勝っていたら、いまも大日本帝国憲法がそのまま残っていたでしょう。その場合、たとえば徴兵制も続いていた可能性があります。制定のプロセスがどうであれ、「良いものは良い」と新憲法を受け入れる気持ちになるのも当然かもしれません。

ただし、「戦争の放棄」や「戦力の不保持」などを定めた日本国憲法第九条については、賛否両論があります。

そもそもアメリカの主導した日本の戦後改革は、単なる善意によるものではありません。経済政策や社会政策については後ほどお話ししますが、どれも基本的には**日本人のためではなく、アメリカの国益のためにやったことです。**憲法九条で戦力の保持を禁じたのも、「日本を戦争のない平和な国にしたい」からではなく、「二度と自分たちに歯向かってこない国にしたい」というのが本音でした。

だとすれば、この条項を「結果オーライ」としてありがたく受け入れる気にはならない日本人がいるのも無理はありません。

いや、ある意味では、そちらが多数派とも言えるでしょう。独立回復から三年後の一九五五年に保守合同（自由党と日本民主党の合併）によって誕生した自由民主党は、結党時から

「自主憲法制定」を綱領に掲げています。つまり、改憲を目指している。いちばん改めたいのが九条であることは、言うまでもありません。

その後、自民党は長く政権与党として国政をリードしてきました。自民党が政権の座を失った時期は、ほんの数年しかありません。改憲を目指す政党が、多数の有権者の支持を得てきたわけです。

しかしその有権者も、自民党単独で憲法改正できるだけの議席は与えませんでした。過半数は与えるけれど、三分の二以上にはしない。これは、しばしば「日本国民の絶妙なバランス感覚」などと評されたものです。国政は自民党に任せるけれど、旧社会党や共産党などの野党に常に三分の一以上の議席を与えることで、改憲はさせない。その結果、戦後七四年にわたって、日本国憲法は守られてきました。

考えてみると、これはかなり奇妙な状況です。**与党が改憲を訴える国など、おそらく日本以外にはありません。**普通は、政権を握る与党が憲法を守り、野党が改憲を求めるという構図になるでしょう。

ところが日本は、与野党の立場がねじれた状態で過ごしてきました。もし、戦後すぐに日本人が自ら徹底的に戦争を総括し、その反省に基づいて新憲法を一から自分たちで作っていたら、このような「ねじれ」は生じなかったはずです。その意味で、現在まで続く与野党のねじれ現象は、戦後日本の「曖昧さ」を象徴するようなものだと思えてなりません。戦争の後始末をアメリカに任せたことで、戦後の日本はどこかギクシャクしたものになったのです。

日本に二度と戦争をさせないための経済改革

戦後日本がアメリカによって改革されたのは、憲法だけではありません。日本を二度と戦争のできない国にするために、アメリカは経済の面でもさまざまな手を打ちました。なにしろ憲法は独立回復後に作り直すだろうと思っていたのですから、それだけでは安心できなかったでしょう。たとえ改憲して再軍備をしたとしても、外国に戦争を仕掛けないような社会になってもらう必要があります。

たとえば労働組合を作らせたのも、そのためでした。

というのも、戦前の日本は国内の市場が小さく、内需が不足していたから中国大陸や東南アジアを侵略したというのが、アメリカの見立てです。そうだとしたら、**国内に豊かな中間層を育てて内需を拡大すれば、外国を侵略しようとは考えなくなる**でしょう。

そのためには、労働者の賃上げが必要です。労働者の可処分所得が増えれば、消費者としてたくさん買い物をしてくれる。だからGHQは、「民主化」の名の下《もと》に、労働組合を作るように指示しました。

当時の労働者たちが、そこで「待ってました」とばかりに喜んだわけではありません。労働者は会社に「雇《やと》っていただいている存在」であり、組合を作って経営者に労働条件の改善を要求することなど不逞《ふてい》の輩《やから》がすることだと教えられていたので、当初はかなり戸惑ったでしょう。しかしGHQの指示どおりに労働組合が結成され、労働者の所得は徐々に向上していきました。

農地解放も、目的はほぼ同じです。戦前の日本は、大地主と小作人の間にすさまじい所得格差がありました。中間層を増やすには、これも何とかしなければいけません。そこで政府が大地主から農地をタダ同然の安値で買い上げ、小作人に渡したのです。これによって、それまでは地主から農地を借りていた小作人たちが、自作農になりました。

また、財閥解体も日本経済の活性化を促《うなが》す改革だったといえるでしょう。**財閥を解体することで日本企業同士の競争を促し、経済を発展させようとしたのです。**

たとえば戦前のビール業界では、大日本麦酒《ビール》という大企業が圧倒的なシェアを持っていました。しかし、財閥解体によって大日本麦酒が日本麦酒（現在のサッポロビール）と朝日麦酒（同アサヒグループホールディングス）に分割されると、それまで大日本麦酒の陰に隠れていたキリンビールがシェアを大きく伸ばします。さらにその後はサントリーも加わり、四社による激しい競争が繰り広げられました。

製鉄業界もそうです。半官半民の国策会社として一九三四年に設立された日本製鐵という巨大企業が、八幡《やわた》製鐵と富士《ふじ》製鐵に分割されました。それによって、川崎《かわさき》製鉄（現在のJFEスチール）や住友《すみとも》金属工業が成長し、シェアを獲得できるようになったのです。

もっとも、その後の製鉄業界は再編が進みました。一九七〇年には八幡製鐵と富士製鐵が再び合併して新日本製鐵となり、二〇一二年には住友金属工業もそこに合併し、新日鐵住金《しんにってつすみきん》を経て日本製鉄となっています。経済のグローバル化が進んだので、国内の競争ばかりしていると、海外の製鉄会社との国際競争に勝てません。しかし当時は、そうやって大企業を分割することが、日本経済の活性化や内需拡大につながったのです。

さらに言うなら、GHQが行った婦人解放政策も、「戦争をしにくい国にする」という目的にかなったものでした。

戦前の日本では女性に参政権がありませんでしたが、戦後はGHQの方針にしたがって女性の参政権が認められ、一九四六年四月に実施された戦後初の衆議院選挙では、日本で初めて女性議員三九名が誕生します。もちろん、男女ともにいろいろな性格の人はいますが、どちらかというと、男性のほうが攻撃的になりやすい傾向はあるでしょう。だから、男だけで国会論戦をしていると、イケイケになって戦争になりやすい。**女性が入っていたほうが平和志向になりやすい**だろうというわけです。

■「軍隊ではない軍隊」が生まれた背景

さて、軍事的には憲法九条で戦力を奪い、経済的には内需が拡大するような基盤を作ることで、アメリカは日本が「二度と戦争をしない国」になるための準備を整えました。そのままであれば、日本が自衛隊を持つことはなかったかもしれません。持ったとしても、自分たちで憲法を改正した上で、はじめから正式な「軍隊」として設立した可能性もあるのではないでしょうか。

しかし現実には、「戦力の不保持」を明記した憲法を維持しながら、日本は自衛隊という軍事組織を持ちました。これも、戦後日本の大きな「ねじれ」のひとつです。

二〇一四年七月一日、「集団的自衛権の行使容認」が閣議決定されました。安倍晋三政権は憲法九条二項に自衛隊を明記する改憲を目指しています。しかし、「自衛権は独立国家固有の権利」とした上で、「自衛権に基づく自衛のための必要最小限の実力」は憲法の禁じる「戦力」にはあたらない（したがって自衛隊は合憲）とする日本政府の見解に疑問を感じる人もいることでしょう。

私は二〇一一年に、アフリカのジブチにある自衛隊の活動拠点を取材しました。彼らは、ソマリア沖で海賊から日本の船舶を守る任務についています。そこでは海賊船への警告アナウンスをいろいろな言語で用意しているのですが、英文を見て驚きました。

「This《ジス》 is《イズ》 Japan《ジャパン》 Navy《ネイビー》（こちらは日本海軍である）」

建前上、自衛隊は「軍隊」ではないことになっています。そのため、たとえば「歩兵」といった軍隊用語は「普通科」と言い換えています。先ほど私は「ジブチにある自衛隊の活動拠点」と書きましたが、この「活動拠点」も「基地」を言い換えたもの。電車やバスの拠点も「車両基地」と言いますから、これは軍隊にかぎった用語でもありませんが。

それなのに、海賊船への警告では思い切り「海軍」という言葉を使っていたので、ドキッとしました。しかし自衛隊員に聞くと、「海賊にセルフ・ディフェンス・フォース（自衛隊）と言っても理解できませんから」とのこと。それはまあ、そうでしょう。要するに、言葉をどう換えても、本質的に自衛隊は軍隊と変わらないのです。

しかし国内では、それを「戦力ではない」「軍隊ではない」と言い続けなければいけません。やはり、戦後日本はいろいろと曖昧です。

では、なぜそんなことになったのか。これは、サンフランシスコ講和条約で日本が独立を回復する前に、アメリカ側の事情が変わったことがきっかけでした。

アメリカは日本を「戦争のできない国」にしましたが、一九五〇年、そうも言っていられない事態が起こります。北朝鮮と韓国の間で朝鮮戦争が始まり、崩壊寸前の韓国軍を支援するために米軍を

2009年4月、ソマリア沖の海賊対策で東アフリカのジブチに派遣されることになった日本の海上自衛隊。ジブチは第二次世界大戦後初の日本の海外での活動拠点となる

投入せざるを得なくなったのです。しかしアメリカ本土からでは遠すぎるので、日本に駐留していた七万五〇〇〇人の米兵が朝鮮半島に送り込まれることになりました。

そうなると、日本国内には軍隊が存在しなくなります。これは、アメリカにとっても不安でした。すでに東西冷戦が始まっており、ソ連は軍備を増強しています。米軍が留守にしている間に、ソ連が北海道あたりに攻め込んで来ないともかぎりません。

また、そのような外国からの「直接侵略」だけでなく、日本が「間接侵略」を受ける心配もありました。こちらのほうが、より現実的な問題だったと言えるでしょう。

間接侵略とは、外国の影響を受けた国内勢力が武装蜂起して革命を起こすことです。いまの若い世代には信じられないかもしれませんが、当時は日本共産党も（一九五五年に路線転換するまでは）武装闘争を肯定していました。ほかにも左翼勢力の活動が活発で、議会を通さない暴力による社会主義革命が懸念されていたのです。

直接侵略にしろ、間接侵略にしろ、通常の警察力だけでは抑止できません。そこでGHQは、朝鮮半島に派遣される米軍と同じ七万五〇〇〇人の武装組織を作るように、日本政府に指示しました。マッカーサーから吉田茂《よしだしげる》首相に届いた書簡には、そういう組織の設立を「許可する」と書かれていましたが、**日本から「作らせてほしい」と頼んだわけではないの**

で、実質的にはアメリカの都合による命令です。

その組織が、のちに自衛隊となった「警察予備隊」でした。当初は日本側もそれが何なのかよくわかりませんでしたが、ＧＨＱから提示された装備の一覧表を見て、初めて「軍隊を作れ」と命じられたことに気づいたようです。

もちろん、自分たちで憲法草案を作ったのですから、日本が軍隊を持てないことはＧＨＱもわかっていました。だから、軽武装の軍隊を想定していたにもかかわらず、苦し紛《まぎ》れに「ナショナル・ポリス・リザーブ」（警察予備隊の英語表記）と呼んだのです。このとき戦車を「特車《とくしゃ》」と言い換えたりしたのです。

■焦点は「安保反対」ではなかった安保闘争

一九五〇年に設置された警察予備隊は、その法的根拠である警察予備隊令がサンフランシスコ講和条約の発効に伴って失効するため、一九五二年に「保安隊」と名前を変えました。さらに一九五四年、日米相互防衛援助協定によって、日本は「自国の防衛力の増強」を義務づけられます。そこで誕生したのが、現在の自衛隊です。

しかし、日本の防衛力が増強されても、アメリカは自国の軍隊を引き揚げるわけにいきません。ソ連や中国などの社会主義国に睨《にら》みを利《き》かせるためには、極東に大きな米軍の拠点が必要です。とはいえ、講和条約が発効して日本が独立国となれば、そこに外国の軍隊が勝手に居座《いすわ》るわけにはいきません。

そこで締結されたのが、日米安全保障条約です。ただし、日本の主権回復と同時に発効(一九五二年四月二八日)した最初の安保条約の第一条には、「駐留アメリカ軍は、極東アジアの安全と平和の維持に寄与するほか、直接の武力侵攻や外国からの教唆《きょうさ》や干渉《かんしょう》による日本国内の内乱などを鎮圧し、直接の武力攻撃に対しても援助を与えることができる」と書かれていました。「援助を与えることができる」ということは、与えなくてもいい。つまり、**日本に基地を置くにもかかわらず、米軍には日本を防衛する義務がなかった**のです。しかも、日本の内乱を鎮圧することもできる。とても対等な内容とはいえません。

それを対等なものに改定すべく努力したのが、安倍晋三首相の祖父にあたる岸信介《きしのぶすけ》でした。米軍の防衛義務を明記し、内乱条項を削除した新しい日米安保条約が、岸首相とアイゼンハワー米大統領の間で署名されたのは、一九六〇年一月のことです。

しかし、不平等条約を日本に有利な内容にしたにもかかわらず、これが正式に発効するまでには大変な騒動が起こりました。いわゆる「安保闘争」です。

まず国会では、社会党や共産党が安保条約そのものの破棄を主張しました。この条約があると、米軍が恒久的に日本に駐留することになるので、いずれ日本がアメリカの戦争に巻き込まれてしまうというのが、その理由です。

ただし、この野党の反対運動自体はあまり盛り上がりませんでした。国会をデモ隊が取り巻く大騒動になったのは、岸政権が**衆議院で強行採決を行った**からです。安保条約が国会で批准《ひじゅん》（議会が承認すること）されるタイミングでアイゼンハワー大統領が来日する予定になっていたのですが、野党の反対で、審議が予定どおりに進まない。社会党議員が中心となって、衆院本会議の開会を阻止すべく座り込みを行ったため、岸首相は警官隊を導入してそれをゴボウ

1950年に発足した警察予備隊は、その2年後に保安隊、またその2年後に自衛隊へと発展していった

抜きにし、深夜に採決を強行したのです。

これが、全日本学生自治会総連合（全学連）を動かしました。「国会議員を警官隊の手で排除するとは、民主主義の危機だ！」というわけで、学生のデモ隊が国会に突入する騒動に発展します。その中で、東京大学の女子学生が死亡するという痛ましい事件も起きました。

ですから六〇年の安保闘争は、実のところ「安保反対」が主眼ではありません。**岸首相の強権的な政治手法への反発**がその根底にありました。岸信介という人は東京帝国大学卒、農商務官僚から商工大臣を経て政治家になったエリート中のエリートで、その態度も今風に言うなら「上から目線」の最たるものでしたから、そもそも嫌われていたのでしょう。

だから、騒動の責任を取って岸首相が退陣すると、「政治の季節」は終わりました。みんな、「岸さえいなくなれば日本は良くなる」というのが本音だったのかもしれません。次に就任した池田勇人《いけだはやと》首相が「所得倍増計画」を掲げたこともあり、社会は明るい雰囲気になっていきます。日本は高度経済成長期に突入し、やがて世界第二位の経済大国にまでなりました。

無念だったのは、岸信介でしょう。彼が本当に成し遂げたかったのは、自主憲法制定です。安保条約を改定した後は、それに着手したかった。しかし退陣を余儀なくされ、手が届きませんでした。自民党も、その後は本気で改憲に取り組もうとはしませんでした。経済的な繁栄のおかげで、安全保障問題があまり浮上しなかったせいもあるでしょう。岸退陣からおよそ半世紀が過ぎ、経済成長が終わったところで、今度は安倍首相が祖父のやり残した改憲に挑戦しようとしているわけです。

■「戦後日本」に取り残された沖縄

ところで、そんな戦後日本の歩みの中で、取り残されていた場所がありました。沖縄です。一九六〇年の安保条約改定で日米はお互いに独立国として

60年安保闘争で国会前に押しかけた学生デモ隊。この際、東京大学4年生の樺《がんば》美智子《みちこ》氏が命を落とした

新しい関係を結びましたが、その段階ではまだ米軍が沖縄を占領していました。サンフランシスコ講和条約で日本が独立した後も、沖縄、奄美《あまみ》諸島、小笠原《おがさわら》諸島はアメリカの統治下にあったのです。

だから、安倍首相が政府主催の「主権回復・国際社会復帰を記念する式典」を二〇一三年(平成二五年)四月二八日に開催したことに対して、沖縄の人々は怒りの声を上げました。**講和条約が発効した四月二八日は、日本が主権を回復した日であると同時に、沖縄が日本から切り捨てられた日**とも言えるからです。

本土復帰を果たしたのは、奄美諸島が一九五三年、小笠原諸島が一九六八年、沖縄はもっとも遅い一九七二年でした。沖縄返還にあたって当時の佐藤栄作《さとうえいさく》首相が掲げたのが、「核抜き・本土並み」という言葉です。

アメリカ占領下の沖縄は、多くの米軍基地があったのはもちろん、そこには核兵器も配備されていました。その核兵器を撤去して、米軍基地の面積も本土と同じぐらいまで減らす。それが「核抜き・本土並み」の意味です。

ところが実際には、核兵器は撤去されたものの、米軍基地そのものは「本土並み」にはなりませんでした。この沖縄の基地問題は、返還から五〇年近く経った現在でも解決していません。

そもそも沖縄に米軍基地が置かれたのは、大戦の終盤にそこで地上戦が行われたのがきっかけです。徐々に日本の本土へ迫ってきた米軍は、一九四五年四月、ついに沖縄に上陸しました。沖縄は「鉄の暴風」とも呼ばれる激しい砲撃にさらされ、住民にも多大な被害が生じます。日本軍は壊滅状態となり、六月二三日に組織的な抵抗は終わりました。米軍は日本軍から接収した基地を増強し、次の作戦である九州の空襲を準備します。

日本兵の遺体を横目に前線に向かう米兵。1945年4月に米軍上陸で始まった沖縄戦は、日本軍、一般人合わせ18万人もの戦死者を出す悲劇を生み出した

しかしそれが実行される前に、日本が降伏して戦争は終わりました。せっかく基地を増強したのに、使い途《みち》がなくなってもったいない――と米軍関係者が思ったところで、今度は東西冷戦が始まります。共産圏と対峙《たいじ》する上で、沖縄は地理的に大きな意味を持っていました。そのため沖縄は、日米安保体制の下で引き続き広大な米軍基地を抱え込むことになったのです。

しかし最近は、沖縄に基地を集中させるのは米軍にとっても不都合だという見方も出てきました。たとえば中国が台湾を攻撃して米軍がそこに参戦した場合、中国からはミサイルが雨あられと降り注ぐでしょう。それによって、一瞬のうちに沖縄の米軍基地が壊滅してしまうことが懸念されるのです。

■県民反対でも続く埋め立て工事

基地が一カ所に集中することのリスクは、普天間《ふてんま》飛行場（通称は普天間基地）の移転問題でも指摘されました。住宅地に取り囲まれた普天間飛行場は民間人を危険にさらすため、土地が返還されることが決まっています。それを辺野古《へのこ》に移転するかどうかで政府と沖縄県が対立しているのですが、この移転に対しては「代替基地を作らなくても、嘉手納《かでな》基地と一緒になればいいではないか」という反対意見がありました。

でも、米軍の答えはノー。滑走路を持つ基地がひとつだけだと脆弱性《ぜいじゃくせい》が高いというのが、その理由です。嘉手納と辺野古の両方に滑走路があれば、ミサイル攻撃を受けても一方が残る可能性がある。理屈の上では、たしかにそうでしょう。

また、嘉手納基地は空軍なので戦闘機や爆撃機が中心ですが、普天間は海兵隊なのでヘリコプターが多い。固定翼で発着するものと回転翼で上下するものが同じ基地にあるのは危険だ、という理由も挙げられました。ただしその裏には、「仲の悪い空軍と海兵隊が基地を共有できるわけがないだろう」という本音も隠れているに違いありません。

それはともかく、滑走路を二つの基地に分散したところで、どちらも沖縄にあるのでは、敵からの攻撃に対して脆弱であることに変わりはないでしょう。そのため米軍は、**海兵隊を沖縄からグアムに移すプラン**を持っています。一部の報道では、二〇二四年一〇月から移転を始めるとも伝えられました。中国にはグアムにも届くミサイルもありますが、その数はあまり多くありません。グアムまで後退すると中国への距離が遠くなるので抑止力が弱まるようにも思えますが、むしろ「中国が簡単には叩けない米軍がいる」ことによって抑止力が高まるという考え方もあるのです。

それができるなら、米軍にとっても沖縄県民にとってもハッピーな解決策と言えるでしょう。ところがどういうわけか、その選択肢はほとんど議論されません。では、米軍海兵隊のグアム移転は誰にとって不都合なのでしょうか。

そこで考えられるのは、海兵隊が沖縄に留まるのは「日本にとって都合がいい」のではないかということです。日米安保条約で、日本が外国の攻撃を受けたときは米軍に守ってもらうことになっていますから、そのためにはなるべく近くにいてくれたほうがいい。たとえば中国が尖閣《せんかく》諸島を奪いに来たとき、沖縄に米軍の海兵隊がいればすぐに対応できます。尖閣諸島にはヘリコプターで着陸しやすい広い場所もありますから、オスプレイがあれば武器や兵士を一挙に送り込めるでしょう。

その海兵隊がグアムに移転すると、中国に対する抑止力が低くなります。もちろん自衛隊はいますが、それだけで十分な抑止力になるかどうか疑問です。中国に「うっかり尖閣諸島に手を出すわけにはいかない」と思ってもらうには、沖縄に海兵隊がいてくれたほうが好都合なのです。

そうだとすると、沖縄県民にとってはますます納得のいかない話でしょう。米軍の戦略的な事情のためではなく、日本の防衛のために米軍基地を置くなら、本土がそれを負担してもいいはずです。たしかに尖閣諸島は沖縄に近いとはいえ、日本が攻められる可能性のある場所はそこだけではありません。**国土防衛のために、沖縄がこれほど多くの米軍基地を引き受けるのは理不尽です。**

辺野古への基地移設については、二〇一八年一二月に沿岸部で土砂の投入が始まりました。県民投票（二〇一九年二月二四日）で反対が多数を占めたにもかかわらず、埋め立て工事が続いています。

こうした沖縄の基地問題は、そもそもアメリカが日本を「戦争のできない国」にしたところから始まっていると言えるでしょう。そのため日米安保条約が必要になり、独立回復後も米軍基地が日本国内に置かれるようになりました。

だとすれば、これもやはり日本

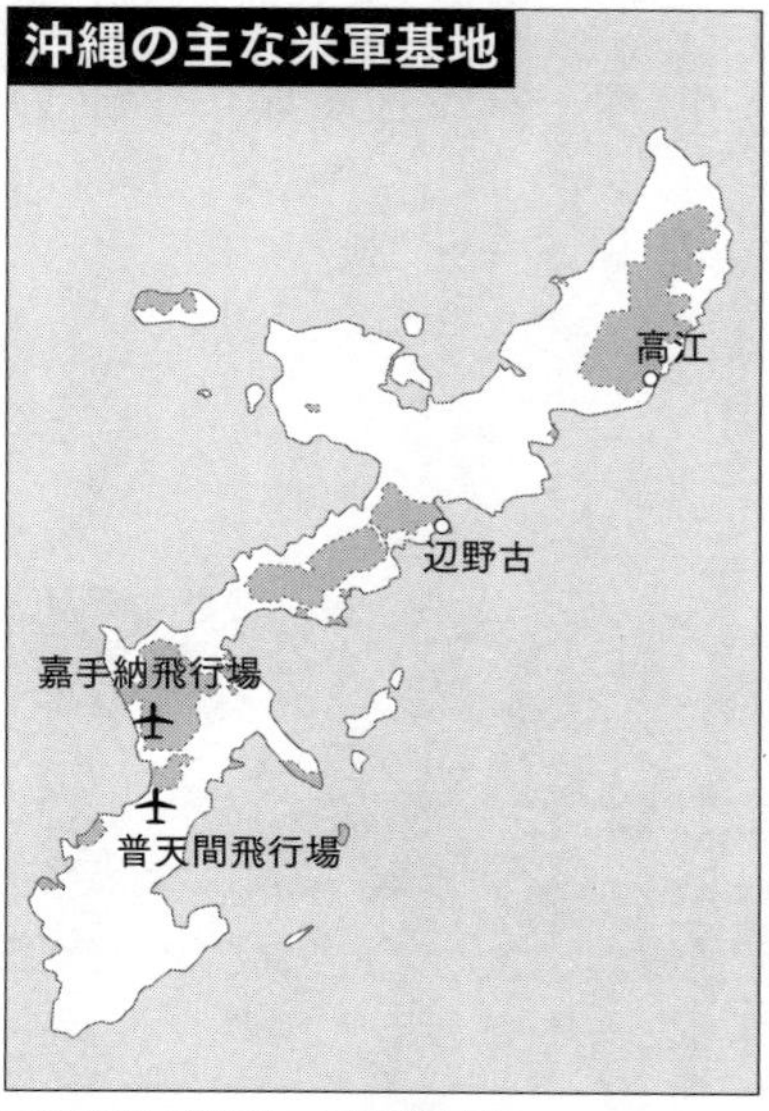

アミ部分が米軍への提供地域

が自ら戦争の総括をしなかったことが問題の根源です。戦後の問題は、すべてそこから始まっているように思えてなりません。

まず、日本人の歴史観は東京裁判を認めるかどうかで大きく異なります。両者の考え方の溝は、なかなか埋まりません。また、「改憲か護憲か」をめぐる与野党のねじれや、軍隊なのか何なのかよくわからない自衛隊の曖昧さなども、戦後処理を他人任せにした結果です。憲法も自衛隊も、ある意味ではアメリカの都合で押しつけられました。要するに、**日本に主体性がなかったから、いろいろなことがギクシャクしているのです。**そういう戦後日本の歪《ゆが》みが集約されているのが、沖縄の基地問題なのです。

名護市の辺野古沿岸部では埋め立て工事が続く

■戦時賠償金の代わりとしてのODA

ギクシャクといえば、戦後の日本は周辺国との関係もスッキリしません。これも、欧州各国の「許し」を得てEUで中心的な役割を果たすまでになったドイツとは対照的です。

ただし日本は、戦争で迷惑をかけた国々への償《つぐな》いをしていないわけではありません。基本的には、きちんと戦時賠償金を支払いました。

ですから、日本を許してくれている国はたくさんあります。たとえばシンガポールのラッフルズ・ホテル近くにある慰霊碑には、例の「許そう、しかし忘れまい（Forgive, but never forget）」という言葉が刻まれました。そこで何万人もの人々が日本軍に殺されたのですが、その償いは済んでいるわけです。

しかし、例外的に賠償金を払っていないケースもあります。向こうから「賠償金は要《い》らない」と申し出た国があるからです。たとえば、セイロン（現在のスリランカ）がそうでした。仏教国らしく、**「憎悪は憎悪によって止《や》むことはなく、愛によって止む」**という感動的な言葉を使って、戦時賠償金を受け取らなかったのです。台湾も同様。日本と台湾は一九五二年に日華平和条約を締結しましたが、当時の中華民国総統、蔣介石《しょうかいせき》はセイロン政府と同じ理由で賠償金を要求しませんでした。

とはいえ日本としては、賠償金は要らないと言われて「はい、そうですか」というわけにはいきません。それではこちらの気が済みませんし、国際社会の信用を得るためにも、何らかの形で償う必要があります。そこで日本は、**賠償金を支払う代わりに円借款《しゃっかん》や技術協力などで日本が支援するODA（政府開発援助）を積極的に行う**ことにしました。ですから、賠償金を払っていないからといって「責任を取っていない」ということにはなりません。

ちなみに日本は、たとえばインドネシアのような戦時賠償金を支払った国々に対しても、ODAを行ってきました。そのほか、青年海外協力隊のような形でも国際貢献を果たしています。そういった努力の結果、「平和国家」としての戦後日本の歩みをアジアの多くの国が高く評価してくれるようになりました。

しかし、例外が二つあります。**中国と韓国だけは、いつまで経っても日本を許しません。**それは一体、なぜなのでしょうか。

中国は、日本の戦時賠償を辞退した国のひとつです。

日本と中華人民共和国は、一九七二年に国交正常化を果たしました。中国共産党は「二つの中国」を認めないので、このとき一九五二年の日華平和条約は失効し、日本は台湾（中華民国）と断交しています。それが国交正常化の条件だったわけです。

そして中国の周恩来《しゅうおんらい》首相は、北京《ペキン》を訪れた日本の田中角栄《たなかかくえい》首相に対して、「日本人民の負担になるような戦時賠償は請求しません」と明言しました。台湾が請求しなかったものを自分たちが請求するわけにはいかなかったのかもしれませんが、ともかく中国側からそれを放棄したのです。

そのため日本は、セイロンと同様、中国にもODAを提供することにしました。中国はもはや日本にできない有人宇宙飛行をやるほどの大国ですから、もう新規の経済援助は行わないことになっていますが、長年にわたる援助の総額は莫大《ばくだい》なものになっています。

そういう援助をしてきたにもかかわら

当時の両国首相、田中角栄と周恩来が日中共同声明に調印。その後、戦後27年にして国交が復活した

ず、反日教育を受けてきた若い世代の中国人は国交正常化の経緯を知らないのか、「日本はまだ戦争の責任を取っていない」などと批判します。償いはしたのに、「許そう、しかし忘れまい」とは言わないのです。

■中韓が「反日」をやめられない理由

韓国に対しても、日本はこれまでにさまざまなことをしてきました。

賠償金問題は、一九六五年に締結した日韓基本条約で法的には解決しています。そのとき日本は韓国に三億ドルを無償供与し、二億ドルの有償援助(利率の低い長期融資)も行いました。加えて、日本の民間企業が三億ドルの資金協力もしています。これを「賠償金」と見るか「経済援助」と見るかは日韓で解釈の違いがあるのですが、韓国はその資金と引き替えに対日請求権を放棄しました。韓国の個人や団体が日本に賠償請求をしても、それに対して資金を渡すかどうかは韓国政府の判断です。日本には支払義務がありません。

しかしそれでも日本は、**「女性のためのアジア平和国民基金」(一九九五〜二〇〇七年)を設立して、元慰安婦に償い金を支払う**などしています。そのときの日本側の善意を示すものと言っていいでしょう。対中国と同様、韓国に対しても、償いは済んでいるのです。

ところが韓国は、政治家も世論もいまだに反日です。たとえ「日韓基本条約で解決済みだから仕方ない」と考える人がいても、国内でそれを口にできる雰囲気ではないでしょう。いわゆる徴用工問題では、韓国の大法院（最高裁判所）が元徴用工の訴えを認め、韓国政府は「司法に介入しない」としました。

では、どうして韓国はほかのアジア諸国と違って「反日」の姿勢を取り続けるのでしょう。その背景には、戦後の「独立」をめぐるプロセスの違いがあります。

たとえばシンガポールは、日本軍が撤退した後、かつての宗主国であるイギリスが戻ってきました。しかし彼らは、それを追い出して独立を果たします。インドネシアも同じ。日本軍が去った後に戻ってきたオランダと戦って、自力で独立を勝ち取りました。その自負心があるので、日本のことを許す気持ちになれるのでしょう。

それに対して朝鮮半島は、日本が去った後にアメリカとソ連がやって来て、それぞれ韓国と北朝鮮を作りました。**どちらも、自力で独立をつかみ取っていない**のです。

その負い目があるため、韓国は独自の「建国神話」を作り上げました。上海《シャンハイ》に逃げた人々が作った「大韓民国臨時政府」が日本軍と戦って独立を勝ち取った――という神話です。実際に存在した大韓民国臨時政府は名ばかりのものでしかなく、実体は何もないに等しいものでした。もちろん日本軍と戦ってなどいません。でも韓国は、その神話によって、自ら独立を果たしたことにしました。すると、韓国政府の正統性は「反日」であり続けなければ保たれません。

しかも、戦争が終わって、外国に逃げていた人たちが祖国に戻ってみると、韓国人はほとんど日本人化していました。日本の神社があちこちにありますし、子どものころから日本語を話す世代などは、物事の考え方も日本人化しています。そのため、「このままでは民族が根絶やしになってしまう」という危機感も芽生えました。

そこで始まったのが、徹底した「反日教育」です。政府の正統性を維持するためにも、民族性を守るためにも、韓国にはそれが必要でした。その結果、**現在の韓国人は「反日」をやめると自らのアイデンティティを保てなくなっているのです。**

中国にも、それと似たような事情があります。

というのも、現在の中華人民共和国政府は、国民の民主的な選挙によって成立したわけではありません。共産党による独裁国家です。したがって、国民が共産党支配に不満を抱き、「なぜ政府の言うことを聞かなければいけないんだ。われわれはおまえたちを選挙で選んだ覚えはないぞ」と主張してきた場合、政府の正統性を主張できないでしょう。

そこで政府の正統性を支える根拠として持ち出されるのは、やはり「反日」です。これもかぎりなく「神話」に近い話ですが、中国共産党の書いたストーリーでは、自分たちが日本軍と戦って中国大陸から追い出し、人民を解放したことになっている。だから共産党こそが中国大陸における唯一の正統な支配者だ、というわけです。その正統性を保つためには、日本という「敵」がいなければなりません。実際に日本と戦っていたのは、主に中華民国の国民党軍だったのですが。

そんなわけですから、韓国も中国も「日本は過去の戦争に対する反省が足りない」「ドイツに学んできちんと謝罪すべきだ」などと言い続けます。

もちろん日本も、ドイツのように自ら徹底的な反省をしているとは言えない面がありますから、問題はあるでしょう。しかし公式な償いは済んでいるのですから、**日本に向かって「ドイツに学べ」と言うのなら、中韓にも、そのドイツを許した欧州諸国の姿勢に学んでもらいたいところです。**「許そう、しかし忘れまい」ならよいのですが、「忘れない、だから許さない」ではキリがありません。

■戦後七〇年の「安倍談話」に中韓は……

とはいえ日本のほうにも、かつての「村山《むらやま》談話」を否定しようとする動きがあるので、中国や韓国の姿勢ばかりを責めることはできないでしょう。

戦後五〇周年を迎えた一九九五年に、当時の村山富市《とみいち》首相は「戦後五〇周年の終戦記念日にあたって」という閣議決定に基づく談話を発表しました。そこでは、中国や韓国などへの謝罪が次のように述べられています。

「植民地支配と侵略によって、多くの国々、とりわけアジア諸国の人々に対して多大の損害と苦痛を与えました。私は、未来に誤《あやま》ち無《な》からしめんとするが故《ゆえ》に、疑うべくもないこの歴史の事実を謙虚に受け止め、ここにあらためて痛切な反省の意を表し、心からのお詫びの気持ちを表明いたします」

ご覧のとおり、日本が過去に植民地支配や侵略行為を行ったことが「歴史の事実」とされているのですが、これに反発する政治勢力は少なくありません。「韓国併合は植民地支配とは違う」「あれは侵略戦争ではなく自衛のための戦争だった」と言うのです。

安倍首相も、二〇一三年の国会答弁で「安倍内閣として、村山談話をそのまま継承しているわけではない」とした上で、「侵略の定義は学界的にも国際的にも定まっていない。国と国との関係でどちらから見るかで違う」などと述べました。どうも、日本が侵略戦争をしたとは言いたくないようです。その後、戦後七〇年の節目に発表した「安倍談話」で、首相は「我が国は、先の大戦における行いについて、繰り返し、痛切な反省と心からのお詫びの気持ちを表明してきました。（中略）アジアの人々が歩んできた苦難の歴史を胸に刻み、戦後一貫して、その平和と繁栄のために力を尽くしてきました」としています。

その上で、「日本では、戦後生まれの世代が、今や、人口の八割を超えています。あの戦争には何ら関わりのない、私たちの子や孫、そしてその先の世代の子どもたちに、謝罪を続ける宿命を背負わせてはなりません」とも明言しました。

この「安倍談話」に対して、韓国の朴槿恵《パククネ》大統領（当時）は「残念な部分が少なくない」、中国外務省も「いかなるごまかしも、すべきではない」と批判したのです。

日中戦争は、中国軍が日本に攻めてきたわけではありません。最初から最後まで、戦争の舞台は中国大陸です。たしかに、日本は「ロシアの脅威」を食い止めるために中国大陸へ進出したので、「自衛のため」という理屈が成り立たないわけではないでしょう。でも、それを言い始めれば、あらゆる侵略戦争は「自国の利益を守る」という大義名分が立ってしまいます。客観的に見れば、日中戦争は日本の侵略戦争と言わざるを得ません。そこは認めないと、国際社会の理解を得られないのではないでしょうか。

慰安婦の問題についても、国際社会の目を意識して発言する必要があります。

安倍首相を含めて、「日本は慰安婦を強制連行した」という韓国の抗議に反発する人々は「日本が慰安婦を強制的に集めた証拠はない」と反論するのが常です。それは決して間違っていません。強制連行の事実を示す証拠はない。しかし、いま国際社会で問題視されているのは、戦争における性暴力そのものです。

たとえばボスニア・ヘルツェゴビナ紛争（一九九二〜一九九五年）では、セルビア人兵士がクロアチア人やイスラム教徒の女性たちを次々と強姦して、民族浄化のために自分たちの子を産ませようとしました。また、アフリカで内戦が起こると、国連から派遣されたPKO部隊の兵士たちが、現地の女性たちを強姦するケースがよくあります。国連のブルーヘルメットをかぶった人たちがそんなことをするのですから、きわめて根の深い問題と考えざるを得ません。

そうやって、戦地で女性たちが脅《おびや》かされる状態を何とかしなければいけない——それが国際社会で深刻な議論になっていることを考えれば、過去の戦争で「慰安婦がいた」こと自体が問題視されても仕方がないでしょう。それを「しかし強制連行はしなかった」と言えば、責任回避をしているように聞こえてしまいます。

「いま、そんな話はしていない。強制したかどうかはともかく、日本軍のすぐ横に慰安所があったことは事実なんだろう？」——それ自体が「性暴力」と見なされてしまうのですから、そう言われたら返す言葉がないのです。

そもそも国際社会は、日本と韓国の二国間対立になどあまり関心がありません。日本と韓国がどこにあるのかもよくわかっていない人のほうが多いぐらいでしょう。いくらかアジア情勢に詳しい人でも、強制連行の有無のような細かい議論には興味がない。韓国系のロビイストがアメリカで日本の悪口を言いふらすのを聞いて、「いつまで昔のことでモメてるんだ」「日本はちゃんと韓国との関係を良くしてくれないと困る」などと不満を抱くのです。

ですから日本は、「対韓国」の議論に勝ったところで、国際社会の評価は高まりません。そこでムキになると、かえって評判が落ちて国益を損ねることになってしまうのです。

■「外圧」でしか変われない国

ここまで見てきたように、いまの日本は七四年前の戦争で生じた問題をまだ引きずっています。もちろん、戦争の反省を活かして良くなったこともないわけではありません。この七四年間、日本はどの国とも戦争をしませんでした。警察官や民間人が外国の紛争に巻き込まれて命を落としたことがありますが、自衛隊員はひとりも外国軍に殺されていませんし、殺してもいません。このような「軍隊」は、世界にもあまりないでしょう。自ら望んだものではなかったとはいえ、憲法九条を堅持することで、平和国家であろうと努めてきたことは誇ってよいと思います。

しかし、その平和国家としての歩みが変質しようとしているのも事実です。安倍政権は従来の憲法解釈を変更し、集団的自衛権の行使を容認しました。それに伴って、海外で自衛隊の戦闘行為が可能になるなど、安全保障法制も大きく変わり、二〇一五年九月に平和安全法制(平和安全法制整備法、国際平和支援法)が可決・成立しました。

そして、これも日本が自ら選んだというよりは、同盟国であるアメリカの要望に添ったものという側面があるのは否めません。これまで日本の自衛隊は、たとえば在日米軍が外国からの攻撃を受けたとき、同盟国でありながらそれを護衛することができませんでした。集団的自衛権の行使が認められると、そういったことが可能になります。米軍にとって都合のいい話であることは間違いありません。

いずれにしろ、戦後日本の安全保障はアメリカに振り回されてきました。日本を「二度と戦争のできない国」にするために憲法九条を与えながら、自分たちの都合で「軍隊ではない軍隊」を作らせ、さらには集団的自衛権の行使も可能にして「戦争のできる国」に戻そうとしているようにも見えます。

いちばん問題なのは、そうやって**アメリカに振り回されているうちに、日本がますます物事を主体的に決められなくなっている**ことではないでしょうか。昔からよく指摘されることですが、日本は重要な決定を下すときに「外圧」を利用する傾向があります。国内から反発を受けても、「こうしないとアメリカが黙っていないから仕方がない」という形で説得しようとするのです。

あるいは、「世界はみんなこうしているから日本もこうしなければいけない」と言って後を追うこともよくあります。日本が自発的に新しい提案をするのではなく、よその国が何かを始めると「バスに乗り遅れるな」とばかりにそこに加わろうとする。近年では、たとえばTPP（環太平洋戦略的経済連携協定）がそうでしょう。アジアインフラ投資銀行（AIIB）も、提唱したのは日本ではなく中国でした。その新しい「バス」に乗るかどうかも、アメリカの顔色をうかがわないと決められないような状態です。

かもしれません。

■戦争の「負け方」からも学べていない日本

このように自発性を持てないのは、この国がまだきちんと「独立」を果たしていないせいかもしれません。

たしかに、敗戦によって連合軍に占領された七年後に、国際法上は独立国としての主権を回復しました。そこで憲法も変わり、新しい国に生まれ変わったともいえるでしょう。

しかし、日本人はそのとき自力で自由や民主主義を手に入れたわけではありません。戦勝国にお膳立てしてもらう形で、戦後の歩みを始めたのです。だから、いまだに「外圧」でしか変わることができない。そんな日本が独立国としての自発性や主体性を身につけるには、やはりここで改めて、戦争の総括を自分たちの手でやらなければいけないと思います。

日本が反省できていないのは、戦争を「始めたこと」だけではありません。**その戦争に「なぜ負けたのか」についても、まともに反省できていないように見えます。**

たとえば戦争中の日本軍は、「戦力の逐次《ちくじ》投入」という失敗によって必要以上に損害を大きくしてしまうことがありました。ガダルカナル島の戦い（一九四二年）やインパール作戦（一九四四年）が有名です。米軍との戦闘が不利になるとテコ入れが必要になるのですが、一度に思い切った増員をしないので、すぐに全滅してしまう。そこでまた少し部隊を送り込むと、それもまた全滅。それを何度も繰り返しているうちに、大変な数の戦死者を出してしまうのです。

そんな苦い経験をしているのに、いまだに日本は戦力を逐次投入するクセが抜けません。たとえば、東日本大震災で発生した原発事故への対応がそうでした。

福島第一原子力発電所で、電源喪失によって原子炉の冷却ができなくなったとき、政府や東京電力のやることをイライラしながら見ていた人も多いでしょう。まず消防の放水車からの注水で冷やそうとしたけれど、うまくいかない。自衛隊のヘリコプターで上空から水を投下してもダメ。そうやって少しずつ対策を講じて後手に回るのは、まさに「戦力の逐次投入」です。

実はあのとき、アメリカ政府は原子炉の廃炉を前提にした技術支援を日本に申し入れていました。しかし政府と東電はまだ廃炉にするつもりがなかったので、それを「時期尚早」と断ります。廃炉にしてでも冷却するという思い切った判断ができなかったために、対応が遅れてしまった。初期の段階でアメリカの提案を受け入れていれば、爆発が起きて高濃度の放射性物質が飛散するような事態は防げたかもしれません。

負けた戦争の反省ができていないと思える点は、ほかにもあります。戦争中、日本軍は

「月月火水木金金」という歌が流行《はや》るほど、休みなく兵隊を働かせました。「土日」もなく仕事をさせられるということですから、この歌を知らない若い世代にも共感されることでしょう。いまも日本人は残業に次ぐ残業に耐えていますし、過酷な労働条件で従業員を過労死させる「ブラック企業」も少なくありません。

しかし、それではいけないことは、戦争に勝ったアメリカを見れば明らかでした。

日本軍の場合、航空母艦や戦艦などの軍艦はそれぞれ所属部隊や艦長などが決まっています。たとえば戦艦大和《やまと》には歴代で六人の艦長がいましたが、それぞれ任期中は常にその人が艦長でした。

それに対してアメリカ海軍は、一定の期間ごとに乗船するメンバーが入れ替わります。同じ艦船を、複数の部隊が交代で使用する。艦長は、その艦船のトップではなく、その部隊のトップです。ですから、みんなが交代で休暇を取ることができました。実に合理的なローテーション・システムを組んでいたのです。

また、こんな話もあります。戦時中、米軍がどこかの島に大きな貨物を上陸させるという情報が入ったので、日本軍は新しい秘密兵器ではないかと考えます。そこで偵察隊を派遣したのですが、その「秘密兵器」はなんとアイスクリーム製造器でした。偵察に行った人物は、戦後、「あれを見て日本は戦争に負けると思った」と述懐しています。たしかに、「月月火水木金金」で疲弊し、ろくに食料も与えられなかった軍隊が、十分な休暇を取り、戦場でアイスクリームを作る余裕のある相手に勝てるとは思えません。

■個人の「腕」に頼る日本、マニュアルで対処するアメリカ

米軍の合理性は、パイロットの救出にも表れていました。空軍のパイロットは非常に専門性が高いので、ひとり養成するのに多くの時間とコストがかかります。だから、撃墜されてパイロットが命を落とすと、大変な損失になってしまう。そのため米軍は、戦闘機や爆撃機を出動させるとき、撃ち落とされたパイロットをどうやって救うかという救出作戦まで含めて最初から準備していました。海軍のパイロットだったブッシュ・シニア元大統領が、硫黄《いおう》島《とう》近くで日本軍に撃墜されながら救出されたのも、そのときのために近くで潜水艦が待機していたからです。

一方の日本軍は、パイロット養成にかかるコストのことなど考えません。しっかりした救出態勢を整えていないので、出撃回数の多い優秀なパイロットほど先に戦死していきました。高い操縦技術を持つパイロットがあまり残っていなかったため、戦争の終盤に行われた

特攻作戦では、ほとんどの戦闘機が敵艦に命中せず、その前に海に落ちています。

そんなことになってしまったのは、誰がやっても同じようにできる「マニュアル」を作らず、職人的な「名人芸」に頼っていたせいもあるでしょう。

戦争の途中で、日本軍のパイロットはあることに気づきました。米軍の対空砲攻撃を受けた際、弾が命中していないはずなのに味方の飛行機が次々落ちてしまうのです。「これは何か仕掛けがあるに違いない」と考えて司令部に報告するのですが、「そんなバカなことがあるか」と相手にされません。

しかし実際、米軍は新しい「仕掛け」を生み出していました。高速で飛んでいる敵機に射撃を命中させるのは、それこそ「名人芸」のような高い技術が求められます。でも、そこまで全員の練度を上げるのは難しい。そこで米軍が開発したのが、「近接信管《きんせつしんかん》」と呼ばれるものです。これは、攻撃対象に命中しなくても、近くにある敵機を探知するだけで爆発するものでした。近くで爆発するだけでも、相手の機体には十分なダメージを与えることができるのです。

たとえばファストフードチェーンのマクドナルドは、簡単なマニュアルを用意することで、誰でも同じようにハンバーガーを作れるようにしました。この「近接信管」にも、それと同じような合理性を感じます。「命中しないのは腕が悪いからだ」とばかりに、ひたすら練度を高めることしか考えなかった日本とは、根本的な考え方が違ったのです。

そして現在も、日本人の考え方は基本的に変わっていないのではないでしょうか。仕事で何かミスが起きたとき、日本人は「心がけがなっていない」「技術や経験が不足している」といった具合に、個人に原因を求めがちです。誰がやってもミスの起こりにくいシステムを作ろうとはあまり考えません。

そういうことも含めて反省して初めて、過去の戦争を総括したことになるのだと私は思います。「過ちを繰り返しません」と言うなら、その過ちを生んだ思考法や行動パターンなども改める必要がある。そうしなければ、「誰が総理大臣をやっても戦争をしない国」を作ることはできないのではないでしょうか。

第二章

アメリカは同じ過ちを繰り返す

——「戦勝国」の失敗の歴史

■アメリカは朝鮮戦争で何を学んだか

さて、次にアメリカの「戦後」を見てみましょう。この七四年間、良くも悪くもいちばん大きな影響力を世界に対して持っていたのは、アメリカです。この国に振り回され、安全保障のあり方を左右されるのは、日本だけではありません。世界全体の秩序が、アメリカの動向によって揺さぶられるといっても過言ではないでしょう。

前章では、戦争における合理性を日本と比較して、結果的には「さすがアメリカ」と賞賛するような形となりました。しかしアメリカはアメリカで、あの戦争の教訓を十分に活かしているとは言えません。本書の冒頭でも述べたとおり、勝った戦争の成功体験を平和に結びつけるのは難しいのです。

そもそも、第二次世界大戦で勝利を収めたアメリカは、一九四五年の終戦を境に何かを変える必要もありませんでした。敗戦、占領、新憲法制定、独立回復……といった激しい変化を味わった私たち日本人にとって「戦後」という時代区分は特別な意味がありますが、**アメリカ人にとっては戦前も戦後も基本的には地続きです**。

それもあって、第二次大戦後のアメリカは自分たちを「二度と戦争をしない国」にする努力などしていません。それどころか、終戦の五年後には次の戦争に首を突っ込み、そのため

に日本に事実上の「再軍備」を求めました。前章でも紹介した朝鮮戦争です。

第二次世界大戦後、それまで日本が統治していた朝鮮半島は、ソ連とアメリカによって北緯三八度線の北と南に分割占領されました。その後、一九四八年に大韓民国（韓国）と朝鮮民主主義人民共和国（北朝鮮）がそれぞれ独立を宣言し、三八度線は事実上の国境線となります。しかし双方とも、隣国政府を倒して朝鮮半島を統一することを目指していました。

一九五〇年六月二五日、北朝鮮軍が砲撃を開始し、三八度線を越えまし

米ソの代理戦争となった朝鮮戦争。いまだに休戦状態で、南北間の緊張状態は続いている

た。駐留していた米軍が朝鮮半島から撤退した隙《すき》を突いてのことです。装備面ではソ連の支援を受けた北朝鮮軍のほうが圧倒的に上回っていたため、韓国軍は全滅寸前の状態まで追い込まれました。そこで慌《あわ》ててマッカーサーが米軍を投入したのです。一方のソ連は自ら直接参戦せず、同盟関係にあった中国を参戦させました。

やがて戦争は膠着《こうちゃく》状態となり、一九五三年七月、三八度線に近い板門店《パンムンジョム》で休戦協定が結ばれました。それによっていったん終結はしたものの、現在も韓国と北朝鮮のあいだは「休戦」状態が続いています。

では、アメリカはこの戦争で何を学んだのでしょうか。負けたわけではないので、参戦したこと自体は失敗だと思っていません。反省すべきことがあるとしたら、朝鮮半島から引き揚げたことで、北朝鮮軍の三八度線越えを許してしまったことです。**東西冷戦体制下では、常に最前線に米軍を配備しておかなければ、いつ東側の攻撃を受けるかわからない**——これが、朝鮮戦争からアメリカが得た教訓でした。

■戦争の禁じ手「戦力の逐次投入」で泥沼に落ちたベトナム戦争

その教訓があったからこそ、アメリカは次のベトナム戦争に介入したとも言えるでしょ

う。西側の権力が及ばない空白地帯を作ることができなかったのです。

第二次大戦が始まるまで、ベトナムはフランスの植民地でした。正確に言うと、カンボジアとラオスを含む「フランス領インドシナ連邦」の一部ということになります。しかし大戦が始まり、フランスは一九四〇年六月にドイツに降伏しました。そこでフランス領インドシナ連邦に進駐したのは、ドイツと同盟を結んでいた日本軍です。

その日本が戦争に負けて撤退すると、ベトナム民主共和国の独立を宣言したホー・チ・ミン率いるベトナム独立同盟（ベトミン）と、かつての宗主国として戻ってきたフランスの間で戦争（第一次インドシナ戦争）が始まりました。この戦争は一九四六年から八年間続き、フランスの敗北で終わります。勝敗を決定づけた「ディエンビエンフーの戦い」では、基地をベトミンに取り囲まれたフランス軍が補給路を断たれ、一万人もの兵士が捕虜になりました。世界の戦争史上でも最大の捕虜数です。

フランスが撤退した後、ベトナムは南北に分断され、南側にはアメリカの支援を受けたベトナム共和国（南ベトナム）が成立しました。しかしベトナム民主共和国（北ベトナム）との統一を求める南ベトナム解放民族戦線が登場し、内戦状態となります。「南北の衝突」という点では、朝鮮戦争と似た構図と言えるでしょう。

こうなると、アメリカは黙って見ているわけにはいきません。北朝鮮と同様、北ベトナムの後ろ盾はソ連ですから、放っておけば南ベトナムだけでなく東南アジア全体が共産化して「東側」になるおそれもある。そこが東西冷戦の「最前線」になったわけです。そのためアメリカは、ケネディ大統領時代の一九六一年から軍事顧問団を送り込むなどして南ベトナムを支援し始めました。

米軍が本格的に参戦したのは、暗殺されたケネディに代わってジョンソンが大統領になってからのことです。きっかけは、一九六四年に起きたトンキン湾事件でした。米軍の艦船が北ベトナム軍の魚雷攻撃を受けた事件です。後に、この事件の一部はアメリカ側の勘違いだったことが明らかになりました。ただし最初の攻撃は、北ベトナム側がアメリカの艦船を南ベトナムの艦船と誤認したものだったようです。

ともあれ、ここからアメリカはベトナム戦争の泥沼にはまっていきました。そこでアメリカが犯したミスは、前章でも触れた「戦力の逐次投入」にほかなりません。日本軍と同じ失敗を、実は米軍もやっていたのです。

一挙に増員できなかったのは、現場の状況が本国へ正確に伝わらなかったことが一因でしょう。現場は撤退命令を受けたくないので、戦況が悪くても「負けています」とは伝えませ

ん。「もう少し援軍があれば勝てます」という言い方をします。それを信じて本国は数万人程度の増員を行うのですが、劣勢を挽回するにはそれでは足りない。そこでまた「もう少しいれば勝てます」と言われて、また増員する。そうやって戦力を逐次投入しているうちに、ふと気づくとアメリカは全体で五〇万人もの兵士をベトナムに送り込んでいました。

しかし、いくら逐次投入されたとはいえ、それだけの米軍を相手にして負けなかったベトナム軍の強さは相当なものです。北ベトナムには「北爆《ほくばく》」と呼ばれる大規模な空爆も行われましたが、ベトナムは巧妙なゲリラ戦によって米軍を苦しめました。また、アメリカ国内では厭戦《えんせん》ムードが高まり、ベトナム反戦運動も盛り上がります。

ニクソン大統領の時代になると、アメリカはキッシンジャー大統領補佐官を中心に和平交渉を始めました。そこから四年以上の時間がかかりましたが、一九七三年一月にパリ和平協定が結ばれます。これによって、米軍はベトナムから撤退しました。その後も南ベトナムでの内戦は続き、一九七五年四月には南ベトナムの首都だったサイゴンが陥落。翌年四月には南北統一選挙が実施され、北ベトナムが南ベトナムを吸収する形で、ベトナム社会主義共和国が成立しました。

■ベトナムの反省から湾岸戦争勝利へ。しかし……

ここで初めて、アメリカは自分たちの戦争を反省します。ただし、ベトナムでの苦い経験によって「二度と戦争をするまい」と考えたわけではありません。「勝てない戦争はもうやりたくない」というのが本音でしょう。だから、次はどうすれば勝てるのかを考えた。「なぜ負けたのか」を自ら反省するあたりは、戦後日本と違うところです。

その反省を活かして勝利したのは、一九九一年の湾岸戦争でした。

事の発端は、一九九〇年八月。イラクが隣国のクウェートに侵攻し、併合を発表したことです。国連の安全保障理事会はイラクに即時撤退を求め、イラクに対する経済制裁も発表しました。国際社会が一致して紛争解決の努力を始めたのは、第二次大戦後では初めてのことです。そのためアメリカは、国連のお墨付きを得た多国籍軍を結成することができました。これは、東西冷戦のために国際社会が二分されていたベトナム戦争と大きく違います。

ジョージ・ブッシュ（父）米大統領は、イラクのクウェート侵攻から半年後に、米軍をサウジアラビアに展開しました。このことが禍根《かこん》を残すことになるのですが、それについてはまた後でお話ししましょう。そこを拠点に三四カ国からなる多国籍軍が作られ、一九九一年一月一七日にイラクへの攻撃が始まったのです。

その時点で、多国籍軍はイラク周辺に数十万人の兵力を配備していました。時間をかけて十分な兵力を集めて、敵を一挙に叩き潰す──ベトナム戦争で失敗した「戦力の逐次投入」とは正反対のやり方です。

多国籍軍の目論見《もくろみ》どおり、この戦争はあっという間に決着がつきました。多国籍軍は、まず空爆を一ヵ月以上にわたって実施し、イラク国内の軍事施設を軒並み破壊。二月下旬には地上戦に突入し、三日後にクウェート市が解放されます。イラクのサダム・フセイン大統領は敗北を認め、開戦から二ヶ月も経たない三月三日に暫定《ざんてい》的な停戦協定が結ばれました。これだけうまくいけば、アメリカがここで「ベトナム戦争の

湾岸戦争で多国籍軍の空爆を受けているイラクの首都、バグダッド。この戦争に日本は多額の資金を提供した

トラウマから脱した」と言われたのも当然でしょう。

しかし、**この戦争は次に起こる悲劇の火ダネを残しました**。それが、米軍のサウジアラビア駐留です。

メッカとメディナという二大聖地を抱えるサウジアラビアは、イスラム教徒にとって特別な国ですから、異教徒の軍隊は歓迎されません。しかしサウジアラビアの国王は、イラクがクウェートの次に自国を攻撃するのを恐れて、米軍に助けを求めました。それに対して猛反発したのが、あのオサマ・ビンラディンです。

国王を激しく批判したビンラディンは、国籍を剝奪《はくだつ》されて追放されました。それから彼はいったんスーダンに行き、やがてアフガニスタンに入ります。そこでビンラディンを受け入れたのが、タリバンにほかなりません。つまり、**アメリカの勝利で終わった湾岸戦争は、一〇年後に起こる9・11同時多発テロの伏線になっていたのです**。

■アメリカとオサマ・ビンラディンは「反ソ」でともに戦っていた⁉

では、なぜビンラディンはそこまで激しい反米思想を抱くようになったのか。また、どうしてアフガニスタンにタリバンというテロ集団が生まれたのでしょう。これは、現在のＩＳ

（いわゆるイスラム国）問題にもつながる話です。その一連の流れを理解するには、話をソ連のアフガニスタン侵攻まで戻さなければいけません。

序章でも述べたとおり、ソ連は二七〇〇万人もの戦没者を出した第二次大戦の教訓によって、自国の周辺に緩衝地帯を設けようとしました。そこで、南にあるアフガニスタンを自国に従う国にしようとしてクーデターを仕掛けます。

でも、それを繰り返しているうちにアフガニスタン国内が混乱し、コントロールできなくなりました。それで危機感を抱き、無理やりにでも言うことを聞かせようと軍事侵攻に走ったのです。表向きは「アフガニスタン政府から救援を要請された」とのことでしたが、侵攻した途端に同国の大統領を殺したりしているのですから、やっていることはまったく逆でした。

もともとアフガニスタンは穏やかな王国でしたが、当時のソ連は無神論の国ですから、敬《けい》虔《けん》なイスラム教徒たちがその侵攻に反発しないわけがありません。特に若者たちは、**「神を信じない国の軍隊」**に猛烈な反抗心を抱き、反ソ連の行動を起こします。

それに目をつけたのが、アメリカでした。アメリカはベトナム戦争で、ソ連の支援を受けた解放戦線に翻弄《ほんろう》され、莫大《ばくだい》な損害を被っています。だから今度は、「アフガニスタンをソ連にとってのベトナムにしてやろう」と考えたのです。当時はまだ東西冷戦の真っ最中ですから、反ソ勢力に肩入れすることで敵に打撃を与えようとしたのです。

その反ソ勢力の中心になったのが、「ムジャヒディン（イスラム聖戦士）」と呼ばれた反政府勢力です。彼らが立ち上がったことで、イスラム各国から大勢の若者がアフガニスタンに駆けつけました。その中のひとりが、サウジアラビアのオサマ・ビンラディンです。彼は「サウジ・ビンラディングループ」という巨大建設会社を経営する人物の御曹司《おんぞうし》ですから、大変な資金力を持っていました。

そのムジャヒディンがソ連と戦う上で必要なのは、何といっても武器でした。最新兵器で武装したソ連軍は、「空飛ぶ戦車」と呼ばれた巨大なヘリコプターで攻めてきます。軽武装の若者たちでは太刀打《たちう》ちできません。

そこでアメリカが彼らに与えたのが、スティンガー・ミサイルという武器でした。これは実に取り扱いが簡単で、飛んでくるヘリコプターのほうへ向けてボタンを押すだけで自動的に熱を感知してロックオン（狙いを定めること）してくれます。ロックオンしたことが確認できたら、あとは発射ボタンを押すだけ。ミサイルが勝手に飛んで行って、ヘリコプターを撃墜するのです。これが大量にムジャヒディンの手に渡ったことで形勢が逆転し、ソ連軍は大打撃を受けて撤退しました。

■「タリバン」はパキスタンが作り上げた

アメリカにとっては、これで目的達成です。「代理戦争」でソ連に打撃を与えたら、もうアフガニスタンに用はありません。そのため、アフガニスタン情勢に対する興味をすっかり失ってしまいました。オサマ・ビンラディンをはじめ、各国からムジャヒディンの応援に駆けつけた人々もアフガニスタンを去ります。

しかし当のアフガニスタンは、ソ連軍がいなくなっただけで平穏になったわけではありません。ここの人々は、タジク人、ウズベク人、パシュトゥン人、ハザラ人という四つの民族に大別されます。ソ連撤退後は、それぞれの民族が対立して内戦状態になりました。アメリカからもらった武器はそのまま残っていますから、殺し合いも激しいものにならざるを得ません。

この混乱状態に、今度はお隣のパキスタンが目をつけます。パキスタンはインドと何度も戦争をして、そのたびに痛い目に遭ってきました。今後のことを考えると、アフガニスタンにインド寄りの政権ができては困ります。インドと対峙《たいじ》した場合、アフガニスタンはパキスタンの背後に位置しますから、そこに反パキスタン政権があったのでは、インドとの戦争に集中できません。だからパキスタンは、ソ連撤退後の混乱に乗じて、アフガニスタンに自国寄りの政権を成立させようと考えたのです。

ちなみにパキスタンには、アフガニスタンがソ連軍と戦っている間に、資金や武器が蓄積されていました。アメリカがパキスタン経由でそれをアフガニスタンに送り込んでいたからです。アフガニスタンは内陸国なので、海から援助物資を届けるわけにはいきません。しかも北側のソ連だけでなく、西側のイランも反米国家ですから、パキスタンを経由する以外にルートがなかったのです。

そのアメリカからの資金や武器の一部が、パキスタンのＩＳＩという軍の情報機関に横流しされていました。ひどい話ですが、それが国際社会の現実なのでしょう。アメリカも、そうなることはある程度まで想定したかもしれません。

ともあれ、パキスタンはその資金と武器を使ってアフガニスタンに影響力を行使しようとしました。とはいえ、自分たちで攻撃するわけではありません。

当時、パキスタンにはアフガニスタンから大勢の難民が流入していました。その難民キャンプに、イスラム神学校が作られました。そこでは、パキスタンのイスラム教徒の中でもいちばん過激な思想を持つ「デオバンド派」が、難民の子どもたちに極端な原理主義を教え込んでいました。

そこで育った若者たちに、パキスタンは資金と武器を与えます。これが、あの「タリバン」にほかなりません。タリバンとは、「学生」を意味する「タリブ」の複数形です。

■アメリカが育てたテロリストが9・11を起こす皮肉

突如としてアフガニスタンに現れたタリバンは、最新の兵器を駆使して、内戦に参入しました。彼らは戦車まで所持していましたし、ほかの勢力と違って統制も取れています。それまで殺し合っていた軍閥たちはあっという間に蹴散らされ、タリバンがアフガニスタンの大部分を支配しました。北へ逃げた

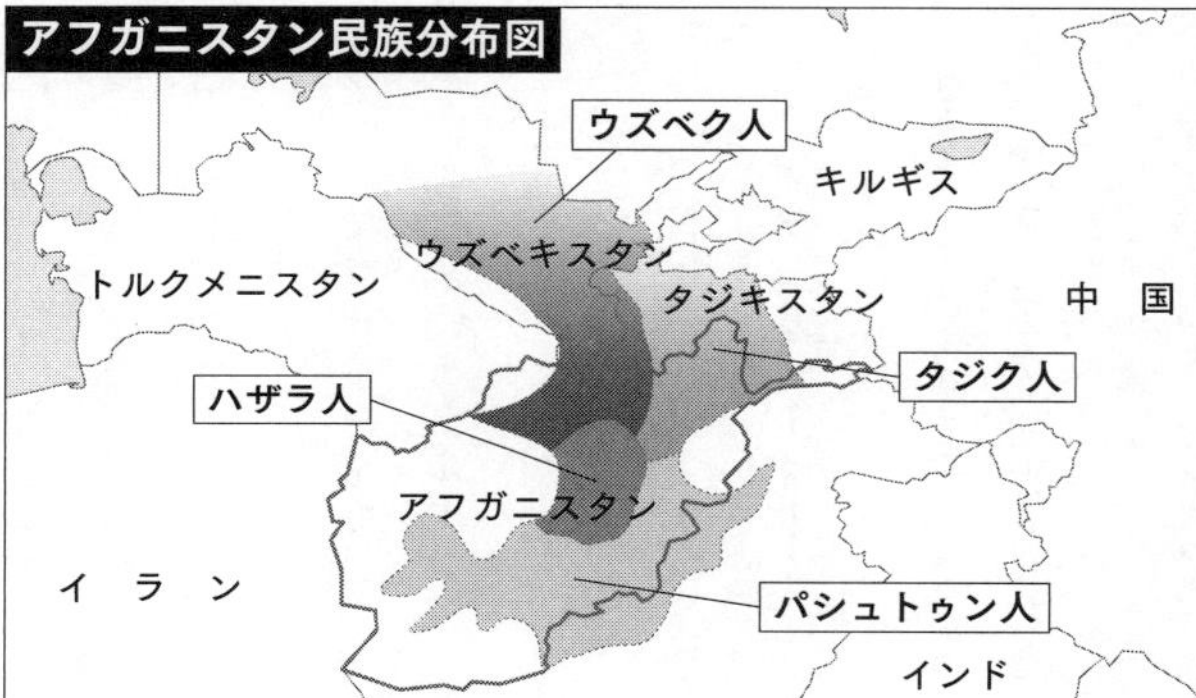

タジク人やウズベク人たちは、反タリバンで結束して「北部同盟」と呼ばれるようになります。

支配地域では、タリバンが徹底的なイスラム原理主義による統治を始めました。特に自由を奪われたのが、女性たちです。

ちなみに、二〇一四年にノーベル平和賞を受賞したマララ・ユスフザイさんを二〇一二年に銃撃したのは、パキスタンのＴＴＰ（パキスタン・タリバン運動）というグループでした。アフガニスタンのタリバンとは別組織ですが、その基本的な思想は同じ。ですからタリバンに支配されたアフガニスタンでも、「女性にも教育を」などと言えるわけがありません。「女性は大切にしなければいけない」と言えば聞こえはいいものの、そのため女性は「外で働かず家にいなければいけない」「外出時はブルカ（全身を覆《おお》う布）をかぶらなければいけない」「学校教育など必要ない」といった抑圧を受けることになりました。

そんなタリバンのアフガニスタン支配が定着したころに起きたのが、イラクのクウェート侵攻です。先ほど述べたとおり、米軍駐留に反発してサウジアラビアから追放されたオサマ・ビンラディンをタリバンは客人として受け入れました。

ちなみに、タリバンの主体はパシュトゥン人という民族です。パシュトゥン人は、もともとアフガニスタン東部からパキスタン西部にかけて居住していました。イギリスが勝手な都合でそこに国境線を引いたから「パキスタン人」と「アフガニスタン人」になっただけのことです。

パシュトゥン人の掟《おきて》では、客人は命をかけても守らなければなりません。タリバンから大切にもてなされたビンラディンは、そこを拠点にしてイスラム過激派による反米ネットワークを築きました。それが、二〇〇一年九月一一日のアメリカ同時多発テロを計画・実行した「アルカイダ」です。

アメリカは、ソ連を懲らしめるためにアフガニスタンの反政府勢力を支援したことで、結果的にオサマ・ビンラディンというテロリストを育てました。その男が湾岸戦争を境に反米に回

イスラム過激派主義組織アルカイダの司令官だったオサマ・ビンラディン。2011年５月に暗殺される

り、その主導によってアメリカ本土がテロにさらされたのですから、皮肉な巡り合わせと言わざるを得ません。

テロを受けたアメリカのブッシュ（息子）大統領は、アフガニスタンのタリバン政権に対して、首謀者のビンラディンを引き渡すように要求しました。しかしパシュトゥン人の掟があるので、タリバンは客人を引き渡すことなどできません。

そのためブッシュ政権は、テロリストを匿《かくま》うタリバン政権も同罪と見なして、アフガニスタンを攻撃しました。それによって、タリバン政権はいったん崩壊します。パキスタンへ逃げたビンラディンは、その後アボタバードの隠れ家に潜《ひそ》んでいるところを米軍特殊部隊によって暗殺されました。

タリバンが崩壊すると、今度は北部同盟が息を吹き返して新しい政権を作ります。その時点で米軍は次のイラク戦争に向かい、アフガニスタンの治安維持はＮＡＴＯ軍に委《ゆだ》ねられました。でも、そのままタリバンが消えたわけではありません。次第に勢力を回復し、アフガニスタンでは内戦状態が続きます。そのため序章で紹介したように、リトアニア人の兵士がアフガニスタンで命を落とすようなことも起きているわけです。

■フセイン政権を倒したためにイスラム原理主義勢力が台頭したイラク

前にもお話ししたとおり、ジョージ・ブッシュ・シニア大統領時代の湾岸戦争と、その息子のジョージ・ブッシュ・ジュニア大統領時代のアフガニスタン戦争とイラク戦争は、同じアメリカの戦争でもまったく違うものでした。ブッシュ・シニア大統領はベトナム戦争の失敗を教訓にして短期間で勝利しましたが、息子のほうは父親がなぜ成功したのかを理解していなかったのでしょう。湾岸戦争の勝利による自信だけで突っ走ってしまったため、またしてもベトナム戦争のような失敗を繰り返してしまったのです。

バグダッド市内を警備する駐留米兵。アメリカの思い込みから始まったイラク戦争が、また新たな争いを生んでしまうことに

イラク戦争は、「フセイン政権が大量破壊兵器を所持している疑いがある」ことがアメリカの大義名分でした。大量破壊兵器とは、核兵器や毒ガス兵器などのことです。国連の査察団は、湾岸戦争後の査察でイラクがそれを製造しようとしていることを察知し、中止命令を出しました。その後も定期的に査察を行っていたのですが、あるときからフセイン大統領がそれを拒否します。査察を受けないということは、また大量破壊兵器を製造し始めたに違いない――それでアメリカはイラクを攻撃したわけです。

しかしフセイン政権を倒した後に調べてみると、イラクは大量破壊兵器を作っていませんでした。フセインが国連の査察を拒《こば》んだのは、大量破壊兵器を持っている「ふり」をするためでした。査察を受けて、大量破壊兵器が「ない」ことが確認されると、周辺国への抑止力が失われてしまう。それが「ある」と思わせたほうが、自国を防衛する上で都合がよかったのです。

では、アメリカが誤解に基づく戦争を仕掛けてフセイン政権を打倒したことで、中東情勢はどうなったか。掲げた大義名分が間違っていたのなら、せめてそれによって良い変化が起きてほしいと思う人もいるでしょう。

フセイン政権には、たしかに強権的な性質があったでしょう。しかし、それによってイラク国内が安定していた面もありました。**フセイン大統領はイスラム原理主義勢力を嫌い、徹底的に弾圧していたからです**。秘密警察の監視が厳しく、原理主義的な行動を起こせば捕まって処罰される。そのため、過激な連中はまったく活動できなかったのです。

ところがフセイン大統領がいなくなると、その過激派たちが一気に台頭してきました。しかも、「大量破壊兵器はあるはずだ」などと言いがかりをつけてイスラム世界を攻撃した異教徒のアメリカを倒すのは、彼らにとって「聖戦」です。そのためイラクは、反米を標榜するイスラム過激派の巣窟《そうくつ》のようになってしまいました。

米軍に引き倒され落下するサダム・フセイン大統領の銅像

■ＩＳ＝「イスラム国」とは何か

そんなイラクで発生したのが、日本人青年殺害事件です。日本は二〇〇三年に小泉《こいずみ》内閣がイラク特措法（イラクにおける人道復興支援活動及び安全確保支援活動の実施に関する特別措置法）を制定し、イラクのサマワに自衛隊を派遣して復興支援を行っていました。そのため日本人もテロリストのターゲットになり、二〇〇三年一一月には奥克彦《おくかつひこ》駐英参事官と井ノ上《いのうえ》正盛《まさもり》駐イラク三等書記官が射殺されています。

そして二〇〇四年一〇月、「イラクの聖戦アルカイダ組織」を名乗る小さな過激派組織が、当時二四歳だった香田証生《こうだしょうせい》さんを人質に取り、「自衛隊を撤退させなければ殺害する」と日本政府を脅迫しました。日本政府はさまざまなルートを通じて人質の解放交渉を行いましたが、自衛隊撤退の要求には応じません。結局、香田さんは殺害されてしまい、その映像がインターネット上に公開されるという痛ましい結果になりました。

この話で、二〇一五年の事件を思い出す人も多いでしょう。ＩＳを名乗る過激派組織が、湯川遥菜《ゆかわはるな》さんと後藤健二《ごとうけんじ》さんという二人の日本人を拉致《らち》して殺害した事件です。こちらも、拘束された二人の姿や残酷な殺害映像がインターネット上に流されました。その手口からわかるとおり、香田さんを殺害した組織が、現在のＩＳの母体のひとつにほかなりません。

彼らは当初、「イラクのイスラム国（ＩＳＩ）」を名乗っていました。それが「イラクとシリアのイスラム国（ＩＳＩＳ）」になったのは、二〇一〇年から二〇一二年にかけて起きた「アラブの春」がきっかけです。チュニジアのジャスミン革命から始まった反政府デモは、エジプト、リビアに波及し、やがてシリアにも飛び火しました。それをアサド政権が弾圧したことで、シリア国内は内戦状態となります。

ここで、サウジアラビアやカタールが反政府勢力を支援しました。イスラム教には「スンニ派」と「シーア派」の二大勢力がありますが、アサド政権はシーア派系です。それに対してサウジアラビアとカタールはスンニ派が権力を握っているので、アサド政権を打倒しようという側に回ったのです。

この騒動に目をつけたのが、ＩＳでした。彼らはスンニ派が中心ですから、本来はサウジアラビアやカタールと同じくアサド政権と対立し、反政府勢力を支援すべき立場。ところが名前を「イラクとシリアのイスラム国」に変えたＩＳは、反政府勢力を攻撃して資金や武器を奪ったのです。そうやって力をつけたＩＳがイラクに戻ると、怖じ気づいたイラク軍が逃げ出してしまいました。

イラクはもともと、シーア派が国民の六割を占めています。しかしフセイン政権時代は少数派のスンニ派がシーア派を無理やり押さえつけていました。そのフセイン政権をアメリカが倒し、民主的な選挙を行ったのですから、当然、政権はシーア派が握ります。それでも少数派に配慮した政策を行えばいいのですが、マリキ首相はあからさまにシーア派を優遇しました。

ですから、イラクでは警察や軍隊もすべてシーア派です。ところが、ISが戻ってきた地域はもともとスンニ派の人々が暮らす地域。シーア派の軍隊にしてみれば、「自分の国」という意識がありません。命懸けで守る気などないので、強そうなISが戻ってきたところで、武器や弾薬も放り出して逃げてしまったのです。

イラク軍が放り出した武器は、米軍がイラクから撤退するときに残していった最新兵器です。それによって、ISはますます強力なテロ組織になっていきました。

こうして振り返ると、**アメリカが中東に手を出すたびに、あの地域にイスラム過激派が育ってきた**ことがよくわかるでしょう。アメリカは結果的に、アフガニスタンのタリバンにもISにも武器を提供してしまいました。9・11を起こしたアルカイダは湾岸戦争がきっかけで誕生しましたし、そのテロへの報復として行ったイラク戦争はISを台頭させる要因を作ってしまったのです。

■トランプ大統領は「シリアからの撤退」を表明したが……

シリアの内戦で、アメリカは反政府勢力を支援します。それでもオバマ大統領時代は直接的な武力介入をしなかったのですが、二〇一六年の大統領選挙でドナルド・トランプが当選すると、二〇一七年四月と翌二〇一八年四月、シリアに向けて巡航ミサイルを発射しました。アサド政権が化学兵器を使った、というのが理由です。こうした内戦状態による混乱が、シリアでISが台頭する要因でもあったのです。

アメリカはISを打倒するため、ヨーロッパや中東諸国と「有志連合」を組織してシリアにあるISの拠点へ攻撃を続けてきました。そして二〇一八年一二月に「我々はISに完全に勝利した」と、トランプ大統領はシリアから米軍が撤退することを表明します。

しかし、これでISという過激派組織が根絶《ねだ》やしになったわけではありません。スリランカで二五〇人を超す犠牲者を出した爆破テロ事件は記憶に新しいでしょう（二〇一九年四月）。この事件でISは犯行声明を出しています。アメリカが中東に撒《ま》いた火種は地球上に飛び散って、いまだにくすぶり続けているようです。

第二次大戦後、アメリカが過去の教訓を活かして成功させた戦争は、湾岸戦争ただひとつでした。しかしその湾岸戦争さえ、現在の中東をめぐる混乱の引き金になっています。この

「負の連鎖」をどこかで止めなければ、平和な世界は訪れそうにありません。アメリカには、この七四年間に自分たちがやってきた戦争を真摯《しんし》に振り返り、本当の意味の教訓を得てほしいのですが。

第三章

東西冷戦

――実は今まで続いていた

■そもそも、なぜアメリカとキューバは対立関係になったのか

二〇一四年一二月、アメリカのオバマ大統領が重大な発表をしました。キューバと国交正常化に向けた交渉を開始するというのです。

その言葉どおり、翌二〇一五年四月には、キューバのラウル・カストロ国家評議会議長とオバマ大統領の首脳会談が行われました。一九六一年に国交を断絶して以来、両国のトップが会談したのはこれが初めてです。

さらにアメリカは、キューバに対するテロ支援国家の指定を解除。さらにキューバへの経済制裁も解除し七月二〇日、正式に国交を回復しました。

しかし、これだけ聞かされても、そこにどんな意味があるのかピンと来ない人は多いと思います。私自身は、一連のニュースを見聞きして「時代は変わるものだな」と感慨深いものを感じました。私ぐらいの年代にとっては、ベルリンの壁が崩壊したことに次ぐレベルの驚きです。

でも、テレビ局の若いスタッフには「これって、そんなに大きなニュースなんですか?」と聞かれました。昔からの経緯を知らない世代から見れば、経済的にも軍事的にも世界最強の大国が、カリブ海に浮かぶ小さな島国と対立関係にあることが、不思議に感じられるでし

ょう。

　このニュースの意味を理解するには、その背景にある「東西冷戦」のことを知る必要があります。

　ベルリンの壁が崩壊したのは一九八九年ですから、冷戦体制などすでに大昔の話だと思っていた人も多いでしょうが、その残滓《ざんし》はまだアメリカとキューバの間に残っていました。戦後七四年の世界情勢は、これを抜きに語ることができません。

　東西冷戦が「資本主義」対「社会主義」の対立であり、それぞれの陣営の親玉であるアメリカとソ連の対立だったことは、よく知られているでしょう。これまで見てきたように、アメリカは社会主義の勢力拡大を防ぐた

国交正常化に向けて会談を行ったオバマ米大統領（右）とキューバのカストロ国家評議会議長（左）

めに、朝鮮戦争やベトナム戦争、アフガニスタンへの介入などを行ってきました。

■冷戦構造は、ひとつの論文から生まれたものだった

では、アメリカはなぜそこまでソ連や社会主義を警戒したのでしょう。そのきっかけになったのは、第二次大戦後に書かれたひとつの論文です。

一九四七年、アメリカの外交問題評議会が発行する『フォーリン・アフェアーズ』という雑誌に「ソヴィエトの行動の源泉（The Sources of Soviet Conduct）」と題する論文が掲載されました。この雑誌は、アメリカの外交方針を決める上で現在でも大きな影響力を持っています。大きな方針転換があるときは、まず誰かが個人の責任でここに論文を発表し、反応を見る。いわば観測気球のようなものです。その内容が高く評価されると政策として具体化されるので、アメリカの外交政策を占う上では必読の雑誌。私も日本語版を購読しています。

その雑誌に掲載されたとき、「ソヴィエトの行動の源泉」の著者は匿名の「X」とされていました。そのため「X論文」とも呼ばれています。ただし当初から、執筆者が誰であるかは知られていました。当時、アメリカ国務省の政策企画本部長を務めていたジョージ・F・ケナンという人物です。

モスクワに何度も赴任し、大使館勤務も経験したケナンは、アメリカの国務省でも指折りのソ連通でした。そのケナンが一九四六年にモスクワから本国に送った長文の電報が、「X論文」の原型です。その電報には、アメリカの常識が通用しないソ連という国家が世界制覇を目指して膨張しており、これに対しては徹底的な封じ込めが必要であることが書かれていました。「ソ連と資本主義国とは共通の目的を持ち得ない」「米国はソ連を、協力者ではなく対抗者だと考えねばならない」というのです。

これを受けて、トルーマン大統領は一九四七年に「トルーマン・ドクトリン」と呼ばれる共産主義封じ込め政策を発表しました。これは、アメリカが「モンロー・ドクトリン」から転換したという意味でも、大きな分岐点だったと言えるでしょう。

それまでアメリカは、一八二三年にモンロー大統領が宣言した考え方に基づき、ヨーロッパ諸国の紛争に干渉しない方針を基本としていました。これを「モンロー主義」や「孤立主義」と言います。しかしアメリカはトルーマン・ドクトリンに基づいて、共産化のおそれがあったギリシャとトルコに経済援助を行いました。そこで歯止めをかけなければ、ヨーロッパ全体でドミノ倒しのように共産主義が広がると考えたのです。

こうした動きによって、東西冷戦の枠組みができあがりました。ソ連の「魔の手」から守らなければいけないのは、ヨーロッパだけではありません。アジアやアフリカなどにも進出しないように、ソ連を封じ込める必要がある。アメリカはそうやって、世界中に警戒の目を光らせることになりました。

■米ソが選択した「恐怖の均衡」

その米ソ対立が「冷戦」と呼ばれたのは、両国が直接戦火を交えるわけにはいかなかったからです。ちなみに「冷戦」(Cold War)の名付け親は政治評論家のウォルター・リップマンと言われています。第二次大戦の終盤にアメリカが日本に原爆を投下したときから、世界は「核の時代」に突入していました。アメリカもソ連も核保有国ですから、両者が「熱い戦争」を起こせば、それは大規模な核戦争になりかねません。これは、ほとんど人類社会の終わりを意味する戦争だと言っていいでしょう。

ならば、それを避けるためにお互いが核兵器を放棄できればよいのですが、現実はそうはいきません。実際に米ソが選択したのは「恐怖の均衡」でした。**双方が相手に破滅的な損害を与えられるほどの核兵器を持つと、攻撃すれば自分たちも滅びてしまうので、お互いに相手国へミサイルを撃ち込むことができない。**その「恐怖の均衡」を保つ仕組みのことを、

「相互確証破壊」と言います。一方が核兵器を使えば、最終的に双方が核兵器によって完全に破壊し合うことをお互いに確認するのです。この相互確証破壊が成立すれば、理論上、その二国間で戦争は起きません。

しかし、これほど恐ろしいバランスもないでしょう。ちなみに「相互確証破壊」は英語で「Mutual Assured Destruction」。その頭文字は「ＭＡＤ」となります。まさに狂気をはらんだ危うい戦争回避方法と言わざるを得ません。何らかの形で相手の核攻撃を無力化することができれば、あっという間にその均衡が崩れて核戦争になる可能性が生じてしまうのです。

実際、米ソはやがてミサイル防衛システムの開発に乗り出しました。敵国が発射した核ミサイルを途中で撃ち落とす技術です。もし一方だけがこれを実現すれば、相互確証破壊が成り立ちません。反撃されても自国が全滅することはないのですから、核兵器による先制攻撃ができることになってしまいます。

そのため米ソは、ミサイル防衛もお互いに制限することにしました。一九七二年に締結されたＡＢＭ条約（弾道弾迎撃ミサイル制限条約）によって、米ソは共に弾道弾迎撃ミサイルの配備基地を首都とミサイル基地の二ヶ所だけに限定したのです。さらに一九七四年には配備基地を一ヶ所にする議定書が結ばれ、ソ連はモスクワ近郊、アメリカはノースダコタ州の空軍基地にミサイルを配備。冷戦終結後の二〇〇二年にアメリカが脱退したので、すでにこの条約は効力を失っていますが、そうやって「恐怖の均衡」を保ちながら、米ソは核戦争を避けていました。

■一九六二年、核戦争の危機が

しかし一度だけ、核戦争の勃発が現実味を帯びたことがあります。

それが、一九六二年一〇月に起きた「キューバ危機」でした。一〇月一四日から二八日までの二週間、冷戦下で米ソの緊張が最大限に高まり、その成り行きを世界中が固唾《かたず》を呑んで見守っていたのです。

では、なぜそれがキューバで起こることになったのでしょうか。それを理解するために、アメリカとキューバの関係をもう少し前から振り返ってみましょう。

キューバは、一五世紀のコロンブスの時代からスペインの植民地でした。しかし一九世紀の後半になると、独立を求めてスペインと戦争を始めます。一八六八年から一〇年ほど続いた第一次キューバ独立戦争では、スペイン当局から自治が認められました。

さらに一八九五年になると、完全な独立を求めて第二次キューバ独立戦争が起こります。

三年後の一八九八年にはキューバ独立軍が島の半分以上をスペインから解放し、勝利は目前となりました。この時点で、アメリカは関係がありません。

ところがその年の二月に、大事件が発生しました。アメリカ人の保護のためにハバナ湾に停泊していた米海軍の戦艦メイン号が、原因不明の爆発によって沈没したのです。アメリカ国内では、「これはスペインの仕業だ」という話になり、国民の怒りが沸騰。「新聞王」として知られるウィリアム・ランドルフ・ハーストが経営する大衆紙も「スペインをやっつけろ！」という一大キャンペーンを展開しました。

そんな世論の後押しを受けてアメリカはキューバの独立戦争に介入し、スペインとの間で「米西戦争」が始まります。米軍はあっという間にスペイン軍をキューバから追い払い、圧倒的な勝利を収めました。

これによって、アメリカはスペインの植民地だったフィリピン、グアム、プエルトリコを手に入れました。キューバは独立を果たしましたが、戦争の成り行き上、アメリカの支配下に入ります。制定されたキューバ国憲法には、国内の二カ所に米軍基地を置くことが盛り込まれました。

そのうちのひとつが、いまも存在する米海軍のグァンタナモ基地にほかなりません。ここには二〇〇二年にブッシュ政権が設立した強制収容所があり、アフガニスタン戦争やイラク戦争で捕まったテロリストの容疑者が収監されました。アメリカの法律もキューバの法律も適用されず、拷問のような過酷な取り調べが行われていることで問題になりましたが、そのとき「なぜアメリカの収容所がキューバに?」と怪訝《けげん》に思った人も多いでしょう。それは、米西戦争の遺産のようなものなのです。

■アメリカの経済制裁に苦しむキューバ。手を差し伸べたのは……

そんなわけで、キューバは実質的にアメリカの半植民地になりました。せっかくスペインから独立したのに、これでは支配者が交代しただけです。アメリカが介入するまで敗色が濃厚だったなら話は別ですが、すでにキューバ軍は勝利目前でした。そのため、**メイン号の沈没事件は、キューバに介入する口実がほしかったアメリカによる自作自演だったのではないかという説もあります。**

キューバには、アメリカ資本が次々と進出しました。キューバで産業と言えるのは唯一サトウキビだけですが、それを原料とするアメリカの製糖工場も数多く作られます。しかもクーデターで政権を取ったバティスタという大統領は国民を弾圧し、憲法を停止して独裁体制を敷きました。当然、キューバ国民の不満は高まります。

そこで仲間たちと共に蜂起したのが、弁護士のフィデル・カストロでした。いったんは投獄され、恩赦で出てからはメキシコに亡命したカストロですが、アルゼンチン人のチェ・ゲバラと出会ってゲリラ戦の訓練を受け、キューバに戻ります。政府軍とのゲリラ戦に勝ったカストロは、一九五九年にキューバ革命政権を樹立し、首相に就任しました。

そのカストロが最初に手がけたのは、**アメリカ資本が握っていた土地や産業の国有化**です。自分たちが作った製糖工場もみんなキューバに国有化されてしまったのですから、アメリカが怒らないわけがありません。対抗措置として、経済制裁を始めました。キューバの砂糖を禁輸したのです。

こうなると、キューバもたまりません。製糖はほとんど唯一の産業ですから、大国のアメリカに砂糖を買ってもらえなくなると、経済的にはお手上げ状態です。

ここで横から助け船を出したのが、それまでまったく関係がなかったソ連でした。

「アメリカにいじめられてお困りでしょう。私たちが買いますから、どうぞ砂糖を輸出してください。石油もないなら、お安くお売りしますよ」

というわけで、キューバは一気に東西冷戦の「東側」に組み込まれたのです。**カストロが**

もともと社会主義者だったかどうかは、実はよくわかりません。革命に成功して反米国家になった結果、ソ連と同じ社会主義路線を進まざるを得なくなったという側面もあるでしょう。

しかしアメリカにとって、キューバは「裏庭」のような場所です。ヨーロッパやアジアが共産化するのも防ぎたいのですから、そんなところにソ連の味方がいるのは許せません。自国の安全保障の面からも危険が大きすぎます。

■「第三次世界大戦」は勃発寸前だった

一九六二年、キューバ上空を飛んだ偵察機は、大変な写真を撮影しました。ソ連軍の基地が作られ、そこに核弾頭搭載可能なミサイルが運び込まれていたのです。

当時はまだアメリカもソ連も長距離ミサイルの技術を持っていませんでした。ですから、どちらも本国から相手に核ミサイルを撃ち込むことはできません。でも、なにしろキューバはアメリカの裏庭ですから、そこにソ連軍の基地があれば、アメリカが一方的に不利になります。ワシントンでもニューヨークでも、ソ連のミサイルが届いてしまう。これほど深刻な脅威もありません。

激怒したアメリカ政府の中には「ミサイル基地を空爆すべし」という強硬論もありましたが、ジョン・F・ケネディ大統領はまずキューバ周辺を海上封鎖し、臨検を実施することでソ連の艦船の入港を食い止めようとしました。一〇月二二日夜には、テレビ演説でキューバにソ連のミサイルが持ち込まれたことを発表。アメリカ国防総省が、戦争の準備態勢を五段階で示す「デフコン（Defense Readiness Condition）」を3から2に引き上げたこともあり、メディアでも核戦争の可能性が報じられました。私は小学校六年生で、「これで第三次世界大戦になったら僕の命もここまでだ」と思ったのを覚えています。

アメリカは国連安保理などを通じてソ連にミサイル撤去を要求しますが、ソ連側もトルコに配備されたアメリカのミサイル撤去を求めるなどしたため、交渉はなかなか進みません。そうこうしているうちに、一〇月二七日には米軍の偵察機がミサイルで撃墜される事態が発生します。一方の米軍も、海上封鎖線上でソ連軍の潜水艦に警告のための爆雷を投下しました。

おまけに、その潜水艦は核ミサイルを搭載していたのですから、おそろしい話です。これはほんの一七年ほど前にわかったことなのですが、そのときソ連の潜水艦は、爆雷の爆発音を聞いて「核戦争が始まった」と勘違いしました。あらかじめ「核戦争が起きたら、ただちにアメリカに核ミサイルを発射せよ」との命令を受けていた潜水艦の幹部たちは、発射ボタンを押すべきかどうかで激しく対立します。最終的には参謀の「早まるな」という強い反対によって思いとどまりましたが、**まさに第三次世界大戦は勃発寸前だったのです。**

しかしその翌日、ソ連のニキータ・フルシチョフ首相はキューバに配備したミサイルの撤去を発表しました。その後、アメリカ側もキューバへの武力侵攻をしないことを約束し、一九六三年にはトルコに配備したミサイルを撤去しました。また、このキューバ危機の教訓から、米ソの首脳が直接対話のできるホットラインが引かれています。

■CIAと大統領の「暗殺許可」

こうして米ソ間の核戦争の危機は去りましたが、アメリカとキューバの関係はますます悪くなりました。強力な指導力を持つカストロを亡き者にしようと、アメリカのCIAが次々と暗殺計画を立てたほどです。

当時のCIAは海外で勝手なことばかりしていたため、フォード大統領の時代には議会で公聴会が開かれ、過去のさまざまな暗殺計画が暴《あば》かれました。それを受けてフォード大統領が「暗殺をしてはいけない」という命令を出したぐらいですから、まるで漫画の『ゴルゴ

13』のような世界が現実にあったということでしょう。**カストロに対しては、大好きな葉巻に毒を仕込む、演説中のラジオのスタジオに精神が錯乱するガスを注入するなど、いろいろな作戦が行われました。**しかし、いずれも失敗に終わっています。

ちなみに暗殺禁止の大統領命令はその後もしばらく有効だったので、CIAは暗殺ができませんでした。クリントン大統領のときには、CIAがスーダンに潜伏中のオサマ・ビンラディンを発見しましたが、「いまなら殺せますがどうしましょう」と本国に打診している間に行方がわからなくなり、暗殺に失敗しています。もしビンラディンが逃げる前に大統領の許可が下りていれば、二〇〇一年の同時多発テロはなかったかもしれません。

その反省から、ジョージ・ブッシュ・ジュニア大統領はCIAに海外での暗殺を許可しました。オバマ大統領もトランプ大統領もそれを取り消していないので、いまは各地でドローン（無人航空機）を使ったテロリストの暗殺が行われています。ドローンは空軍の所有物ですし、操縦も空軍のパイロットがしますが、暗殺の命令は文官であるCIAが出す。一応、いわゆる「文民統制」はできているわけです。

話をキューバに戻しましょう。

カストロ暗殺計画はうまくいきませんでしたが、アメリカはキューバに対する経済制裁をどんどん強めていきました。いまキューバに行くと、道路を走っているのは一九五〇年代のアメリカ車ばかりで、まるで「動く博物館」のような風情《ふぜい》になっています。これはアメリカの経済制裁の結果です。キューバへの輸出は止められましたし、飛行機の直行便もありませんでした。第三国の船舶も、キューバに入港してから一八〇日間はアメリカの港に入れないことになっています。

それでもソ連が元気なうちは、キューバもアメリカに頼らずに生きていけました。社会主義国にしては珍しく明るい社会なので、世界から温かく見守られてきた面もあるでしょう。**ソ連はスターリンによる大量粛清、中国は文化大革命で殺し合うなど、社会主義国には暗いイメージがありますが、キューバだけはラテンアメリカらしい開放感があり、政治的な腐敗もほとんどありません。**スポーツの世界でも目立った活躍をするので、なんとなく、資本主義国から見ても憎めないところがある。そのため、日本も含めて世界中から、サトウキビを刈るためのボランティアが応援に駆けつけることもありました。

■アメリカ大統領は「二期目」に動く

しかし冷戦が終わってソ連が崩壊すると、キューバも苦境に立たされます。ソ連崩壊を受けて成立したロシア（ロシア共和国）は余裕がないので、石油は国際価格で買わなければなりませんし、砂糖も買ってもらえません。

そのため、キューバの財政は厳しくなりました。革命記念日のキューバ軍のパレードは、石油が手に入らないので戦車などは動かせず、兵士たちがみんな自転車に乗って行進したほどです。「銀輪部隊《ぎんりん》」と言えば聞こえはいいでしょうが、物悲しいものがあります。

そのキューバとアメリカが国交回復に向けて動き出した背景には、三つの要因が考えられるでしょう。

ひとつは、キューバの苦境です。ソ連崩壊後も、キューバはベネズエラの支援を受けていたので、まだアメリカに頼る必要はありませんでした。中南米にはカストロという人物に心酔している人々が多く、ベネズエラの故チャベス大統領もそのひとり。産油国のベネズエラがキューバに石油を送り、医療体制の充実しているキューバは医師や看護師をベネズエラに送るという協力関係ができていました。

ところが、二〇一三年以降にアメリカやカナダで、シェール革命が起きたことで、石油の国際価格が暴落します。シェール革命は、地下二〇〇〇メートル付近のシェール（頁岩《けつがん》）層から石油や天然ガスを取り出す技術が確立したことで起きました。石油が大量に採れるようになり、石油価格が暴落したのです。それによって、ベネズエラは国家が破綻《はたん》する寸前まで追い詰められてしまい、もうキューバを支援する余裕がありません。最後の後ろ盾を失ったキューバは、国民生活を維持するために何か手を打たなければならなくなりました。

第二の要因は、アメリカのオバマ大統領が二期目を迎えたことです。**二期目の米大統領は、もう再選がないので、歴史に名を残すような業績を求めるのが常です。**たとえばクリントン大統領は、最終的には時間切れでうまくいきませんでしたが、パレスチナ問題の解決に全力を尽くしました。ブッシュ大統領は、「北朝鮮を平和な国にした」という結果を残したくて、核開発を止めさせようと北朝鮮に対するテロ支援国家の指定を外したのですが、これは大失敗だったとしか言いようがありません。歴史に名を残すのもなかなか難しいわけですが、ともあれオバマ大統領はキューバとの関係改善を「遺産」にしようと考えたのでしょう。たしかに、国交回復と経済制裁の緩和、いわゆる「雪解け」は、オバマ政権の外交政策として評価されました。

さらにそこには、もうひとつの追い風が吹きました。バチカンのフランシスコ法王がアメリカとキューバの仲介に乗り出したのです。キューバは宗教と距離を置く社会主義国ではありますが、もともとスペインの植民地だったので、基本的にはカトリックの国。南米アルゼンチン出身の法王にとっては、放っておけない存在なのでしょう。

オバマ大統領としても、法王に「そろそろ仲直りをしたらいかがですか」と声をかけられれば、その立場を尊重しなければいけません。国交回復を進める口実のひとつとして、たいへん都合がよかったのでしょう。

ところがトランプ大統領になるとアメリカは態度を豹変《ひょうへん》、オバマ政権の対キューバ政策を否定して、渡航や送金を規制するなど、それまで緩和していた制裁をふたたび強化すると表明しました。この背景には、キューバと関係の深いベネズエラをめぐるロシアとの駆け引きがあるのですが、大国となった中国の動きと併《あわ》せ、現代を「米中露の新冷戦」とする論調も目立つようになりました。

■東西冷戦の終結で生まれたグローバル経済

東西冷戦は、一九八五年にミハイル・ゴルバチョフがソ連共産党書記長に就任し、「ペレストロイカ（再構築）」という言葉を掲げて大きな改革に着手したところから、終結に向かい始めました。一九八九年には、ポーランド、ハンガリー、チェコスロバキア、ルーマニアなどの東欧諸国で社会主義政権が相次いで倒れ、ドイツでは冷戦のシンボルだったベルリンの壁が崩壊。その年の一二月には、ゴルバチョフとブッシュ米大統領がマルタ島で冷戦の終結を宣言しました。その後もアメリカとキューバの間には大きな溝が横たわっていたわけですが、ここで「雪解け」を迎えれば、**本当の意味で「冷戦が終わった」**と言えるかもしれません。

しかし米ソの「恐怖の均衡」による緊張状態がなくなったことは、現在の世界に別の歪みももたらしました。両大国のタガが外れて、中東をはじめとする地域紛争が噴出したことだけではありません。

たとえばアメリカでは、それまでミサイル防衛などの研究に携わっていた物理学者や数学者が大量に仕事を失いました。その優秀な頭脳の受け皿になったのが、金融界です。もともと金融工学は、優秀な科学者を集めて原爆を製造したマンハッタン計画から派生したと言われていますから、両者は相性がよいのでしょう。

彼らの手によって、金融派生商品の価格づけに関わるブラック－ショールズ方程式など複雑な理論を駆使したシステムが作られ、きわめてスケールの大きいマネーゲームが展開されるようになりました。その結果、二〇〇八年には投資銀行のリーマン・ブラザーズが破綻し、それを引き金に世界的な金融危機が続発したのです。

ベルリンの壁崩壊は東西冷戦の終結とともに、社会主義政策の失速を象徴していた

また、その背景にあったインターネットも、冷戦終結によって一般に開放されました。昔の米軍の情報システムは、中央に巨大なサーバーがあり、すべてのコンピュータがそこと直結していましたが、これでは中央のコンピュータがソ連の攻撃で破壊されたときにネットワーク全体がダメージを受けてしまいます。そのリスクを軽減するために、米軍は個々のコンピュータが網の目のようにつながるシステムを築きました。これがインターネットの原型です。

しかし冷戦が終わると、それを軍事関係だけで独占する必要がありません。そのため軍事機密を解除して、誰でも使えるようにしたのです。

もちろん、それは私たちの利便性を高めましたが、急激なグローバリゼーションを後押しすることで、さまざまな弊害を生んでいるのもたしかでしょう。そこで時代が大きく変わったことは間違いありません。

インターネットによるグローバリゼーションは、金融機関をはじめとする巨大企業をボーダーレスな存在にしただけではありません。労働者も、国境を越えて流動化するようになりました。

特に影響が大きいのは、**かつての社会主義国の労働者たちが資本主義社会に流入したこと**

です。東欧の社会主義国は、教育水準は高いけれど賃金は安い。つまりヨーロッパの国々は、低賃金で質の高い労働力を確保できるようになったのです。そのため全体の賃金水準が一気に下がりました。

ヨーロッパだけではありません。アジアでも、昔は鎖国状態だった中国が、改革開放路線で世界中の企業を受け入れるようになりました。これによって、やはり企業は安い労働力を使えるようになります。こうしてグローバルなコストダウン競争が起こり、デフレ圧力が生じました。冷戦の終結は、安全保障のあり方だけでなく、経済の枠組みをも大きく変えたのです。

第四章

戦争のプロパガンダ

——報道は真実を伝えているのか

■戦場の悲惨さをありのまま伝えたベトナム戦争報道

ここまで、第二次大戦後のアメリカが戦争から何を学び、その教訓をどう活かしたか（あるいは活かさなかったか）を見てきました。

ベトナム戦争やキューバ危機は、アメリカにとって「苦い薬」となりました。そこから得た教訓によって、湾岸戦争では戦力の逐次投入をせずに一気に決着をつけようとしたり、ソ連との間にホットラインを設置してコミュニケーションを図るようになったりしたのです。

しかし湾岸戦争の成功が、今度はアフガニスタン戦争やイラク戦争の失敗を招きました。失敗は人間を反省させ、成功は往々にして人間を油断させるということが、よくわかっていただけたのではないでしょうか。

ところでアメリカでは、戦争そのもののやり方だけではなく、戦争の伝え方も過去の教訓によって大きく変わりました。これは、世の中の戦争観を左右する重大な問題です。

戦場にいるわけではない一般人は、報道を通じてしか戦争の様子を知ることができません。私たちが戦争について考えるための材料を提供するという重要な役割を、メディアは担《にな》っているのです。

たとえば日本でも、戦争中は新聞がいわゆる「大本営発表」をそのまま報道していたため、国民は自分たちの国が劣勢にあることに気づきませんでした。米軍に圧倒されていても、「撤退」を「転進」と言い換えて誤魔化《ごまか》したりしていたのですから、正確な状況などわかりません。

では、アメリカの戦争報道はどのように変わったのでしょうか。

アメリカは基本的に「自由の国」ですから、言論の自由や報道の自由などを重視します。ベトナム戦争のときには、何の規制もせず自由に報道させました。規制しないどころか、新聞やテレビの記者たちを米軍の将校と同格の扱いにして、戦場取材のためにヘリコプターを提供したほどです。

その結果、目を覆いたくなるような惨状が世界中に伝わりました。

当初はかつての日本のように軍部の発表をそのまま報じるメディアが多かったのですが、やがて一部のジャーナリストたちが疑問を抱き、自分たちの見たままの様子を報道するようになりました。すると、圧倒的に勝っていると思っていた米軍があちこちでひどく苦戦していることがわかります。米兵が、民間人を見境なく虐殺するなどの非人道的な行為をしていることも明らかになりました。

そういう現実が、アメリカ人に大きなショックを与えました。戦争を推し進めたいジョンソン大統領が、ジャーナリストを「祖国の裏切り者」と批判するほど、その報道内容は悲惨なものでした。

■報道規制をすれば「きれいな戦争」はいくらでも作れる

そんな報道によって、アメリカ国内ではベトナム反戦運動が巻き起こります。アメリカだけではありません。その運動は日本を含めた世界各地に広がり、米軍への風当たりが強くなりました。

戦争の実情が正しく伝わるのは私たちにとってありがたいことですが、軍にとっては都合がよくありません。このベトナム戦争報道は、米軍を大いに反省させました。その教訓を活かしてやり方を変えたのは、一九八三年のグレナダ侵攻のときです。

グレナダはカリブ海の小さな島国ですが、冷戦下では東側に近い存在で、たとえばソ連のアフガニスタン侵攻を非難する国連決議にはキューバと共に反対する立場でした。キューバからは軍事援助も受けていたので、アメリカにとっては目障《めざわ》りな存在です。

そのグレナダで、一九八三年一〇月に、急進的な左翼がクーデターを起こしました。アメリカは、グレナダの民主主義を守ることや在留アメリカ人学生の保護などを理由に、これに介入します。米軍にとっては、ベトナム戦争以来の本格的な軍事行動でした。投入した兵力は、七〇〇〇人以上にのぼっています。

その戦闘中、米軍はいっさい報道陣をグレナダに入れませんでした。取材を許可したのは、数日間の戦闘によってグレナダを制圧し、秩序が回復してからです。この戦闘では双方を合わせて六〇名以上の戦死者が出ましたが、現場の痛々しい様子がわかる報道はまったくなされませんでした。

この手法は、一九九一年の湾岸戦争でも引き継がれました。自由な取材ができるのは、戦闘が終わってからです。したがって湾岸戦争では、イラク側だけで二万人とも三万人とも言われる戦死者があったにもかかわらず、死体の写真がひとつも世に出ていません。

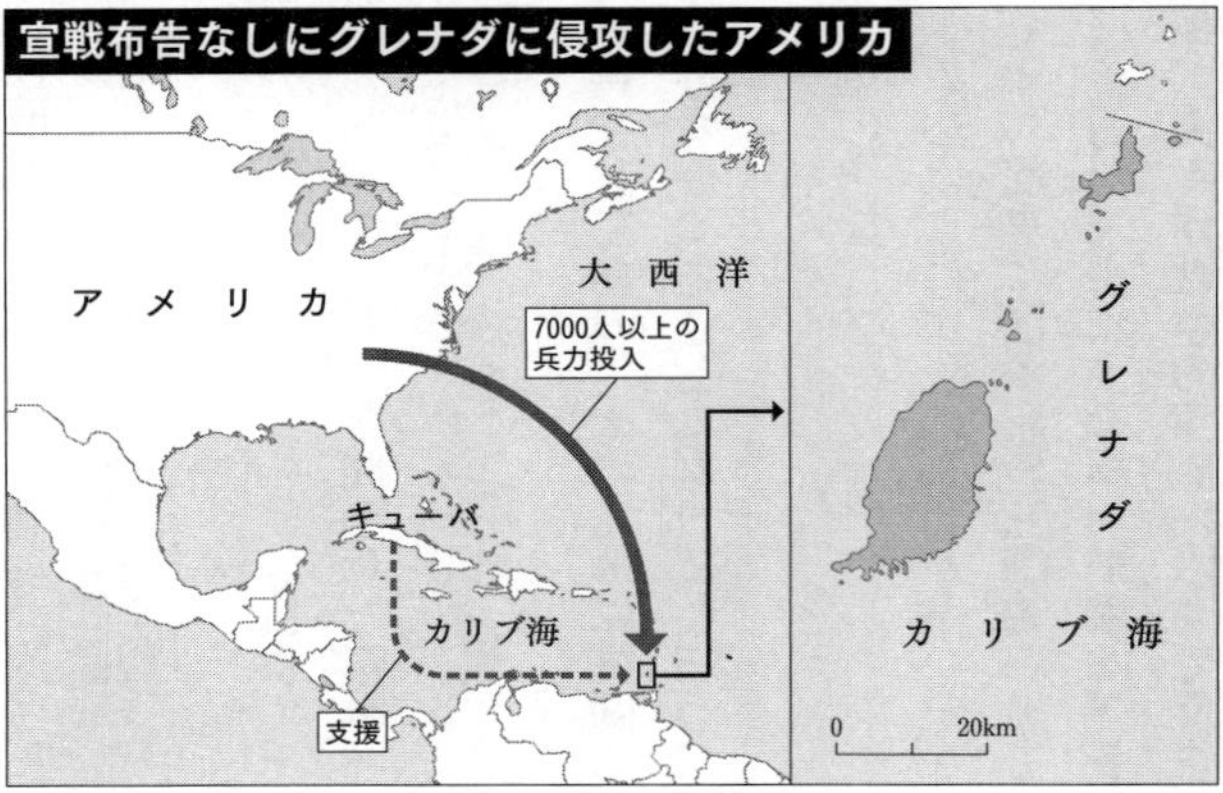

宣戦布告なしにグレナダに侵攻したアメリカ

その一方、テレビのニュースでは、米軍が自ら撮影した空爆の映像ばかりが盛んに流されました。イラクの軍事施設に爆弾が見事に命中するのを見て、「ピンポイント爆撃」という言葉が生まれたのがこのときです。

私もそれを見て、最初は「すごい技術だな」と思いました。でも、NHKの緊急特番でキャスターに「米軍のミサイルは本当にピンポイントで命中するんですね」と聞かれた軍事評論家の故江畑謙介《えばたけんすけ》さんが、こう答えたのをいまでもよく覚えています。

「当たり前です。命中した映像しか公開していませんから」

これには目からウロコが落ちました。**実はあちこちで誤爆をしており、そのために民間人の犠牲者も出ていたはずなのに、映像を見せなければそれがなかったことになってしまう。**情報操作とは実におそろしいものです。

実際、悲惨な写真や映像が流れなかったせいで、湾岸戦争の空爆はアメリカでも「ニンテンドー・ウォー」などと呼ばれました。コンピュータゲームのように生身の人間が傷つかない「きれいな戦争」というイメージで受け止められたのです。現実には多数の死傷者が出ているのに、これではベトナム反戦運動のような戦争への抑止力が生まれません。**米軍はベトナム戦争の反省から報道を規制したわけですが、その結果、人々が戦争の実態に沿って反省**

や総括をする機会が奪われてしまったのです。

■ボイコット運動に屈して一気に方針転換した朝日新聞

そもそも、戦争報道はマスメディアにとって非常に重要な仕事です。ここで「重要」というのは、社会的な意義が大きいというだけの意味ではありません。メディア自身の成長や経営状態などが、戦争報道に大きく左右されるのです。

たとえばＮＨＫ（日本放送協会）は、まだテレビのなかった時代にラジオ局としてスタートしました。とはいえ、当初はラジオの受信機を持っている人などごく一部です。それが一気に増えたのは、日中戦争がきっかけでした。戦争が拡大するにつれて、徴兵されて戦地へ赴《おもむ》く男性も増えるので、残された家族は父親や息子がどうしているかが心配でなりません。だから、中国大陸の戦況がどうなっているのかを常に知りたい。そのために、みんながこぞってラジオを買い求めました。つまり**ＮＨＫのラジオ放送は、戦争報道のおかげで聴取者数が急増したのです。**

日中戦争は、新聞にも大きな影響を与えました。よく「あの戦争は大新聞も賛成して後押しした」と言われますが、最初からそうだったわけではありません。戦争が始まった当初、現在の毎日新聞の前身である東京日日新聞は、たしかに「イケイケどんどん」的な論調で戦争に賛成していましたが、大阪の朝日新聞は日中戦争の拡大に反対するキャンペーンを張っていたのです。

ところがそれに対して、奈良県や和歌山県など関西の在郷軍人会がクレームをつけました。「大阪朝日は売国新聞だから購読をやめるべし」と言って、大々的なボイコット運動を始めたのです。

そういえば、過去の慰安婦報道で誤りを認めた朝日新聞に対して、似たような動きがありました。

また二〇一五年六月には、自民党若手議員の勉強会で「メディアを懲らしめるには広告料収入をなくすことだ」という発言が飛び出しました。安保法制をめぐり、安倍晋三内閣に批判的なニュース番組があることを快く思っていない議員による暴言でした。

気に入らないメディアを潰そうとする人々は昔からいたわけです。そのボイコット運動によって、当時の朝日新聞は発行部数が激減します。そのままでは、本当に潰れてしまうかもしれません。

そこで編集局長が、ある日突然、「今日から方針を変更する」と宣言します。そのときから朝日新聞は、それまでのキャンペーンなどなかったかのように豹変《ひょうへん》し、東京日日新聞と同じ「イケイケどんどん」路線になりました。

あらゆるメディアが日中戦争を応援するようになると、基本路線では差がつきません。**ライバルとの競争に勝とうと思ったら、より過激な言葉で煽《あお》り立てることになります。**それは、いまのスポーツ新聞の見出しなどを見れば想像がつくでしょう。

軍部は軍部で国民の戦意高揚のために「暴支膺懲《ぼうしようちょう》（暴虐な支那＝中国を懲らしめる）」というスローガンを掲げていましたから、新聞もそれに乗って「支那人を成敗せよ！」などと戦争を盛り上げました。対米戦争が始まると、「暴支膺懲」に「鬼畜《きちく》米英」も加わります。

そういう戦争報道によって好戦的な世論が高まり、その世論の後押しを受けることで、日本は戦争の泥沼から引き返すことができなくなりました。メディアの果たした役割はきわめて大きかったと言えるでしょう。

■CNNは「米軍（US army）」、FOXニュースは「わが軍（Our army）」

ＮＨＫのラジオ放送と同様、日中戦争は新聞の購読者数も飛躍的に増やしました。それまで新聞は一握りの知的エリートだけが読むものでしたが、このときから一般に広く読まれるメディアになったのです。

それと似たようなことが、第二次大戦後のアメリカでも起きました。CNNの台頭です。一九八〇年にニュース専門局として開局したCNNは、当初、「そんなものを誰が見るんだ」と言われる存在でした。二四時間ひたすらニュースだけを放送することに、大きな需要は見込めないと思われたのです。

ところが一九九一年に湾岸戦争が始まると、状況は一変しました。多くの人々の関心が戦況に集中しますが、普通のテレビ局は決まった時間にならないとニュースを放送しません。そのため、いつテレビをつけてもイラクの様子を教えてくれるCNNの視聴者が激増しました。ピーター・アーネットというCNNの特派員がイラクの首都バグダッドからレポートする姿を覚えている人は多いでしょう。これによって、CNNの経営は軌道に乗りました。戦争は、メディアを育てるのです。

しかし十数年後には、そのCNNを視聴率で追い抜くニュース専門局が登場しました。世界的な「メディア王」として知られるルパート・マードックが一九九六年に設立したFOXニュースです。

もともと共和党寄りの保守的な放送局だったFOXニュースは、二〇〇一年の同時多発テロ以降、その姿勢を鮮明にして、愛国心を前面に押し出した報道をするようになります。表向きは「Fair and Balanced（公平公正）」という言葉を掲げ、中立な報道をしていると主張していますが、二〇〇三年のイラク戦争報道では、画面の左上にCG処理の星条旗がはためいていていました。

また、米軍の呼び方もCNNとFOXニュースでは違います。CNNが「USアーミー（米陸軍）」「USエアフォース（米空軍）」などと呼ぶのに対して、FOXニュースは常に「アワ・アーミー（Our army）」「アワ・エアフォース（Our air force）」。つまり「わが軍」ですから、その時点で見方が偏《かたよ》っています。中立的な客観報道とは言えません。

ちなみにイギリスでは、フォークランド紛争の際、報道機関による軍の呼び方が議会で問題にされました。一九八二年、フォークランド諸島（アルゼンチン名はマルビナス諸島）の領有権をめぐって紛争が起きた際、イギリスのBBCが「イギリス軍とアルゼンチン軍の戦い」と報じたところ、BBCの会長が議会に呼ばれ、「なぜ『わが軍』と呼ばないのか」と詰問《きつもん》されたのです。

しかしBBCの会長は、少しも怯《ひる》むことなく、毅然《きぜん》としてこう答えました。

「愛国心に関して、あなた方から説教を受ける筋合いはない」

実に立派な態度だと思います。報道機関は、こうでなければいけないでしょう。

■ボスニア紛争でセルビアを悪者にした「戦争広告代理店」

しかしアメリカのFOXニュースは違いました。画面に星条旗を掲げ、米軍を「わが軍」と呼んだだけではありません。米軍がバグダッドに突入した際には、その様子を戦車に乗ったリポーターが生中継しました。まさに「わが軍」という言葉どおり、軍隊と一体化して報道活動を行ったのです。

そして米軍が入ってくると、先回りしてバグダッド入りしていた現地リポーターがこんなふうに伝えました。

「わが軍がやって来ました！　これでもう安心です！　バグダッドは解放されました！」

イラク当局から見ればこれは「占領」ですから、これを「解放」と称することも「公平公正」ではありません。中立な報道というより、軍の「広報活動」と呼んだほうが実態に近いでしょう。

ところが、このような報道のほうが一般視聴者には受け入れられてしまいます。**できるだけ客観的に事実を伝えようとするCNNよりも、愛国心をかき立てるFOXニュースのほう**

が、アメリカでは高い視聴率を取るようになりました。私たちには、「自分の国が正しい」「自分たちは強い」と思いたい心理があるのでしょう。最近は日本でも、「日本人はすごい」「日本は世界から愛されている」といった内容の本やテレビ番組が喜ばれているようですから、他人事ではありません。

しかし、このような偏向報道によって実態が隠されたり歪められたりすると、私たちは戦争について正しく反省することが難しくなります。戦争を仕掛ける側の広報戦略もどんどん巧妙になっていくので、「この戦争は一体どちらに非があるのか」といったことに対する客観的な評価ができなくなるのです。

たとえば、一九九二年から一九九五年まで続いたボスニア・ヘルツェゴビナ紛争では、アメリカのPR会社がボスニア・ヘルツェゴビナ共和国側に協力して巧みな情報操作を行っていました。

その実態を描いたのが、NHKディレクター高木《たかぎ》徹《とおる》氏の『ドキュメント 戦争広告代理店～情報操作とボスニア紛争』（講談社）という本です。国家同士の戦争に民間のPR会社が協力したというだけでも、大きな驚きと言えるでしょう。

それによれば、国際世論がセルビアを批判し、ボスニアに対して同情的になったのは、P

R会社の戦略に基づいた誘導によるものだと言うのです。彼らは、セルビアの捕虜収容所で骨と皮だけになるまで痩《や》せ衰えたボスニア人の映像をメディアに流し、そこで「エスニック・クレンジング（民族浄化）」という言葉を使いました。ナチスドイツのユダヤ人虐殺を想起させる強烈な言葉です。

特にヨーロッパではナチスへの嫌悪感が強いので、この言葉は大きなインパクトを人々に与えました、これによって「ボスニアを助けなければ」という感情が高まり、セルビアが敵役《かたき》となったのです。

しかし戦争は、当事国のどちらかが一方的に悪いということは滅多にありません。日米戦争でも、アメリカも東京大空襲や原爆投下などの重大な戦争犯罪を犯しています。

ボスニア・ヘルツェゴビナ紛争も、セルビアだけが悪かったわけではありません。人口の三分の一を占めるセルビア人の意向を無視して、ボシュニャク人（イスラム教徒）とクロアチア人が主導するボスニア・ヘルツェゴビナ政府が独立を宣言したことが、紛争のきっかけです。セルビアにも、それなりに同情の余地はあるでしょう。

もちろん、そういった情報戦も戦争の一部ですから、ボスニア・ヘルツェゴビナの「作戦勝ち」と言うこともできます。しかし、こういう情報操作も行われるからこそ、できるかぎり公平な視点で戦争を報道するメディアが求められるのです。また、その情報に接する人々も、それぞれのメディアが敵対勢力に一方的なレッテル貼りをしていないか、都合の悪い情報を隠していないかといったことを見極めるだけのリテラシー（読解力）が求められます。

七四年前の戦争でも、日本人の多くは「撤退」を「転進」と言い換えるようなメディアの報道を信じて、「日本が負けるわけがない」と思い込んでいました。勝てると信じる人が多ければ、戦争を抑止する方向の世論は盛り上がりません。戦時中の新聞や現在のFOXニュースのように、受け手の気分が良くなるような報道にばかり喜んでいると、私たちは現実を見失ってしまうおそれがあるのです。

第五章　ヨーロッパに潜む「新冷戦」

■複雑な緊張関係から勃発した第一次世界大戦

さて、次にヨーロッパの話をしましょう。私たち日本人にとって、七四年前の戦争は「アジア・太平洋戦争」であり、それはおもに「対米戦争」でしたが、第二次世界大戦はもともとヨーロッパから始まりました。それ以前に、ヨーロッパは第一次世界大戦も経験しています。あの地域が過去の戦争から多くを学び、その教訓をしっかりと活かしていかなければ、世界規模の大戦争を防ぐことはできません。

そもそもヨーロッパは、第一次世界大戦で深い傷を負い、「二度と戦争はしたくない」と思ったはずです。そのときは「第二次」があるとは思っていませんでしたから、それは最初で最後の「世界大戦」になるはずでした。実際、第二次世界大戦が勃発するまでの呼び方は、「世界大戦（World War）」「大戦争（Great War）」「欧州大戦（War in Europe）」などです。開戦当初は「諸戦争を終わらせる戦争（War to end wars）」という呼称もありました。

ところが現実には、諸戦争を終わらせるどころか、第二次世界大戦を起こしてしまいました。前の戦争が「第一次」世界大戦と呼ばれてしまったこと自体が、きわめて重大な失敗だったと言えるでしょう。

では、そもそも第一次世界大戦はなぜ起きてしまったのでしょうか。実は、これはあまりよくわかっていません。

　もちろん教科書的には、一九一四年の「サラエボ事件」を発端とするのが正解ではありません。オーストリア・ハンガリー帝国の皇太子（皇位継承者）であるフランツ・フェルディナント大公が、サラエボ（サライェヴォ）で妻と共に暗殺され、犯人のセルビア人はセルビアの政府や軍と関係があることがわかった。そこでオーストリア＝ハンガリー政府がセルビア政府に宣戦を布告し、戦争が始まったのです。

　しかし、皇太子夫妻という重要人物が殺されたとはいえ、それだけでヨーロッパ全体を主戦場とするような世界戦争にまで発展するとは思えません。それ以前から、各国が領土の帰属をめぐる問題などを抱え、複雑な同盟関係を結ぶ

中で緊張状態が高まっていたのです。サラエボ事件は、その緊張状態を揺さぶる引き金となりました。

イギリス・フランス・ロシアを中心とする連合国陣営と、ドイツ・オーストリア＝ハンガリー・オスマン帝国などを中心とする同盟国陣営の戦いは、ヨーロッパだけに収まらず、戦闘はアフリカ、中東、太平洋、インド洋などにも拡大しました。一九一八年まで四年間続いた戦争による犠牲者は、戦闘員がおよそ九〇〇万人、非戦闘員はおよそ一〇〇〇万人。そのほか、戦争が世界に広がったために、流行したスペイン風邪も世界各地に伝染してしまい、それによって戦没者を上回る数の死者を出しています。

また、第一次世界大戦はそれ以前の世界の秩序を激しく破壊しました。ドイツ、オーストリア＝ハンガリー、オスマン、ロシアという四つの帝国が崩壊し、ロシアでは社会主義革命も起こっています。その意味では、第二次大戦後の冷戦構造の源《みなもと》もこの戦争にあったと言えるでしょう。

■『最後の授業』感動秘話のからくり

それだけの多大な損害を出したのですから、国際社会が反省をしないわけがありません。

終戦から間もない一九一九年には、アメリカのウッドロー・ウィルソン大統領の提唱で国際連盟が設立されました。史上最初の国際的な平和機構です。それ以外にも、主要国の間ではケロッグ＝ブリアン協定という不戦条約が締結され、ワシントン海軍軍縮条約やロンドン海軍軍縮条約などによる軍縮の努力も進みました。

にもかかわらず、国際連盟の設立からわずか二〇年後に、再び世界大戦が起きてしまったのは、なぜでしょう。その最大の要因は、敗戦国のドイツに莫大な額の戦時賠償金を請求したことです。

連合国とドイツの講和条約（ベルサイユ条約）は、ドイツにとってきわめて厳しいものでした。たとえば、ドイツとフランスの国境付近に位置するアルザス・ロレーヌ地方は、一八七一

アルフォンス・ドーデ『最後の授業』／ポプラ社

年に普仏戦争でフランスが負けたことでドイツに編入されていましたが、第一次大戦後はフランスに復帰します。

アルフォンス・ドーデの短編小説『最後の授業』を読んだ人には、これが感慨深く思えることでしょう。フランスが負けたためにドイツ語しか教えられなくなるアルザス地方の学校で、最後の「フランス語の授業」が行われる話です。教室には村の老人たちも集まり、「フランス語は世界でいちばん美しく、一番明晰《めいせき》な言葉です」という先生の話に耳を傾けました。やがて終業の鐘が鳴り、先生は黒板に「フランス万歳！」と大書して授業を終えます。私も小学生のころにこれを読み、深く感動しました。

でも大人になってから調べてみると、あの地方は最初からフランス領だったわけではありません。もともとはケルト人が住んでいましたが、ローマ帝国が支配した後はゲルマン系の民族が入り、おもにドイツ語が話されていました。ところが一七三六年にフランスが占領し、それ以降はフランス語が公用語となったのです。そのとき学校があれば、ドイツ語の「最後の授業」が行われて、先生が「ドイツ万歳！」と板書したかもしれません。要するに、ドイツもフランスも、どっちもどっちの話なのです。それを知ったときは、**「小学生時代のあの感動は何だったんだ」**と空しい気持ちになりました。

それはともかく、第一次大戦後にドイツはアルザス・ロレーヌ地方を失いました。この地域は石炭が出るので、エネルギー政策上もドイツにとっては痛手です。さらにドイツは、大戦でフランス北部の炭鉱に損害を与えた代償として、ロレーヌ地方に隣接するザール地方の炭鉱所有権も譲渡させられました。

それに加えて、巨額の戦時賠償を求められたのですから、たまりません。この戦時賠償については、「ドイツにそんな重荷を背負わせれば、また大変なことになる」という反対意見も連合国側にありました。イギリス人経済学者ジョン・メイナード・ケインズは強硬に反対したのです。しかし、ドイツに対して積年の恨みのあるフランスが納得しませんでした。

■ナチス台頭はドイツ経済の混乱が引き起こした

その結果、反対論者が心配したとおりの事態になりました。無理やり賠償金を返済しようとしているうちに、ドイツ経済はひどいインフレを起こして大混乱に陥ります。一九二三年には、物価がかつての一兆倍にも達しました。そのインフレがマルクのデノミなどによって沈静化すると、今度は一九二九年の世界恐慌がドイツ経済にも大きなダメージを与えます。失業者は八〇〇万人まで膨れあがりました。

それを背景に台頭したのが、アドルフ・ヒトラー率いるナチスです。一九三三年にヒトラーを首相とする政権が成立すると、ナチスは公共事業の拡大によって失業問題を解決するために再軍備計画を推進しました。しかし軍備を増強しただけでは、経済的な効果も一時的なものにすぎません。軍需産業によって経済を支え続けるには、戦争を起こして軍需品の消費と生産を繰り返す必要があります。

こうしてドイツは、**戦争で生じた経済的なマイナスを戦争で埋め合わせる**道を選びました。第一次大戦の戦後処理の失敗が、第二次大戦を招いたわけです。

それを深く反省した結果、第二次大戦の戦勝国は敗戦国に過大な戦時賠償を求めませんでした。サンフランシスコ講和条約（一九五一年調印、五二年発効）でも、調印した各国は日本

ドイツのハイパーインフレは国民を混乱に陥れた（札束を積み木にして遊ぶ子ども）

に対する戦時賠償を放棄することになっています。

もちろん、ドイツも多額の戦時賠償は要求されていません。ヨーロッパ諸国にとっては、それよりも二度とドイツに戦争を起こさせないことのほうが重要でした。そのためには、これまでに何度も戦争を繰り返してきたフランスとドイツの関係悪化を防ぐことが特に大事です。

実際、第二次大戦後にも両国が対立する場面がありました。ドイツが復興のためにアルザス・ロレーヌ地方の石炭であらためて鉄鋼業をやりたいと希望したことに、フランスが反対したのです。エネルギーと鉄は経済を強くするので、ドイ

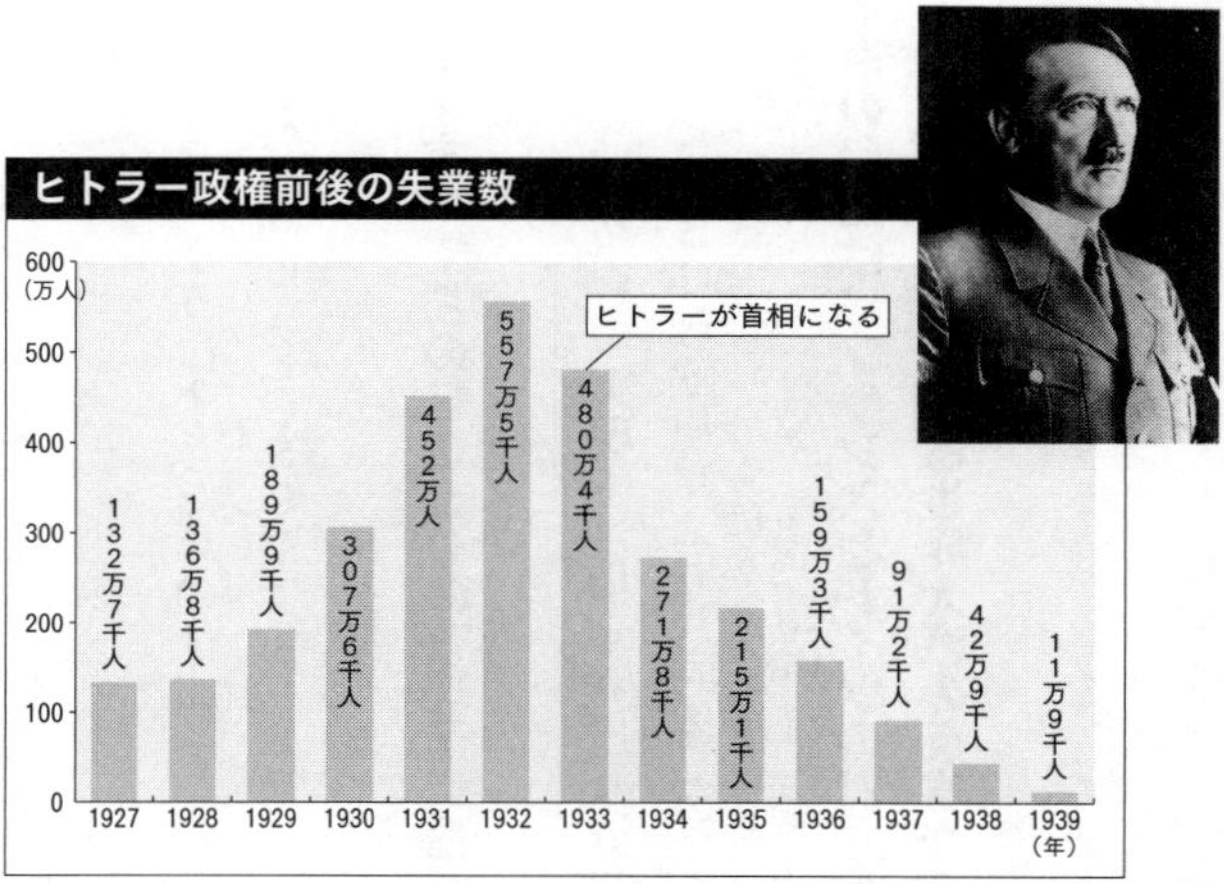

大不況に突入したドイツを救ったヒトラーに、国民は心酔していった
（出典：武田知弘『ヒトラーの経済政策』祥伝社新書）

ツがそれを求めるのも無理はないでしょう。しかしフランスにしてみれば、ドイツは強くなるとまた戦争をするのではないかと心配でなりません。

そこでヨーロッパは、ドイツがそれを戦争に使わないようにするための仕組みを考えました。それが、一九五一年に設立された欧州石炭鉄鋼共同体（ECSC）です。当初この機関には、フランスとドイツに加えて、イタリア、オランダ、ベルギー、ルクセンブルクが参加しました。**フランスとドイツの石炭と鉄鋼の生産をすべてこのECSCの管理下に置くことで、両国間の平和を保とうというわけです。**

さらに一九五七年には、同じ六カ国によって、経済統合の実現を目指す欧州経済共同体（EEC）が設立されました。その一〇年後には、ECSCと欧州原子力共同体（Euratom）がそこに統合され、欧州共同体（EC）という体制に移行。これが、現在のEU（欧州連合）の母体となりました。つまり**欧州統合のそもそもの目的は、フランスとドイツの対立をやわらげて、再び戦争を起こさせないことにありました。二度にわたる世界大戦の反省から生まれたのがEUだと言えるのです。**

■西欧に平和をもたらした「マーシャル・プラン」

ただし第二次大戦後のヨーロッパには、「ドイツ対フランス」とは別の対立軸も生まれました。冷戦構造下の東西対立です。

すでに述べたとおり、第二次大戦で二七〇〇万人もの戦没者を出してしまったソ連は、周辺国を外敵からの防波堤にすべく、社会主義の陣営に取り込みました。そこでソ連とドイツとの緩衝地帯になったのが、ポーランド、チェコスロバキア、ハンガリー、ユーゴスラビアなどの東欧諸国です。

その地域がソ連の支配下に入ったことは、当然ながらアメリカにとって大きな脅威になりました。ドイツをはじめとする西欧諸国が戦争のダメージを引きずって混乱した状態を続けると、そこも社会主義に飲み込まれてしまうかもしれません。

そのためアメリカは、戦争で荒廃した西ヨーロッパに多額の援助を始めました。正式名称は「欧州復興計画」ですが、提唱者の国務長官ジョージ・マーシャルの名を冠した「マーシャル・プラン」のほうが一般的には馴染みがあるでしょう。アメリカの対外政策の中でも非常に大きな成果を挙げたものとされており、マーシャルは一九五三年にノーベル平和賞を受賞しました。

マーシャル・プランでは、戦争に勝った連合国だけでなく、旧枢軸国のイタリアや西ドイツも援助の対象としました。ドイツに巨額の戦時賠償を求めた第一次大戦の戦後処理とは大違いです。これも、後のEUにつながる欧州統合の動きを後押ししたと言えるでしょう。

ただし、これが「大成功」と言われるのは、西ヨーロッパの安定化に寄与したことだけが理由ではありません。マーシャル・プランによる復興援助は、アメリカ経済にも大きなプラスをもたらしたからです。ヨーロッパ各国が援助金を使ってアメリカから物をどんどん輸入したからです。アメリカの企業にとっては、西欧という巨大な市場を手に入れたという点で、きわめて有意義でした。下世話な言葉で言えば「おいしい話」だったということになるでしょうか。

このマーシャル・プランによる援助を受け入れるために、ヨーロッパは一六カ国が集まって欧州経済協力機構（OEEC）を設立しました。これが、現在の経済協力開発機構（OECD）の母体です。範囲をヨーロッパから世界の先進国に広げて、国際経済全般について協議する。日本も一九六四年に加盟しました。**経済問題は紛争のタネになりますから、このOECDも先進国同士の大規模な戦争を防ぐ仕組みのひとつと言えるでしょう。**

国際経済の安定化を図る仕組みとしては、それ以外に国際通貨基金（IMF）や世界銀行

（ＩＢＲＤ）（ＷＢ）などもあります。世界銀行は、一九四六年に発足した国際復興開発銀行が母体です。ＩＭＦもＩＢＲＤも、一九四四年七月にアメリカのブレトンウッズ（ニューハンプシャー州）で連合国（四四カ国）が開いた通貨金融会議で創設が決まりました。この「ブレトンウッズ会議」では、米ドルを世界の基軸通貨とすることも決まっています。それまでは金が世界基軸通貨だったのですが、金一オンス（約三一グラム）が三五ドルとされ、ドルに金と同等の価値を持たせたのです。こうして生まれたのが通貨の固定相場制です。**日本がまだ必死にアジア・太平洋戦争を戦っていたときに、アメリカはすでに戦後の国際秩序を考え、その準備をしていたわけです。**

■ヨーロッパ内の冷戦――NATO対ワルシャワ条約機構

こうした経済面での努力は、戦後の西ヨーロッパを安定させる上できわめて有効でした。その意味では、大戦の反省が活かされたと言えるでしょう。

しかしそのヨーロッパも、全体を見渡せば、東西冷戦という緊張にさらされていました。西ヨーロッパの国々から見れば、東側の軍事力は大変な脅威です。万が一戦争になれば、強大なソ連軍だけでなく、東ドイツ軍、ポーランド軍、チェコスロバキア軍、ブルガリア軍などが一挙に攻めてくるかもしれません。

ヨーロッパに行って、ドイツやフランスなどに広がる大平原を見れば、その恐怖感はよくわかります。戦車の大軍が押し寄せたら、ひとたまりもありません。

そこで、イギリスやフランスが主体となって作った西ヨーロッパの集団安全保障体制が、北大西洋条約機構（NATO）です。ソ連を中心とした東側諸国に対抗するには、ヨーロッパ諸国だけでは力不足なので、NATO軍にはアメリカとカナダも入りました。

ただし当初のNATOに西ドイツは参加していません。戦後ドイツは、東側をソ連軍が、西側をアメリカ、イギリス、フランスが占領し、それぞれが独立。ドイツは東西に分裂していました。最初の目的には、東側への対抗だけでなく、「ドイツを押さえ込む」ことも含まれていたからです。

いまやドイツはEUのリーダー的存在ですが、ヨーロッパの人々にとって「ドイツ問題」はそれぐらい根の深いものでした。一九五〇年には、再軍備が解禁された西ドイツがNATO加盟の準備を始めましたが、例によってフランスがこれに反対。NATOに対抗するものとして、フランスの首相ルネ・プレヴァンが欧州防衛共同体の設立を提唱しました。東側諸国と紛争が起きたときのために、西欧諸国が共同でヨーロッパ防衛軍を作るという構想です。

ところがこれは、条約の調印までこぎ着けたものの、当のフランス国民議会が否決して批准しなかったために、企画倒れに終わりました。最終的にはフランスもドイツの再軍備を認め、一九五五年にドイツ連邦軍がNATOに加盟しています。

NATO加盟国は、域内の国が攻撃を受けた場合、集団的自衛権を発動して共同で応戦する義務を負いました。今度は、東側が脅威を感じる番です。西側のどこかと紛争になったら、米軍を含むNATO軍を相手にしなければなりません。

そのため、ちょうど西ドイツがNATOに加盟したのと同じ一九五五年に、ソ連と東欧諸国による軍事同盟が結成されます。条約を結んだ場所にちなんで「ワルシャワ条約機構（正式には「友好協力相互

NATOとワルシャワ条約機構加盟国

援助条約機構」)」と名付けられました。こうしてヨーロッパでは、西側のNATO軍と東側のワルシャワ条約機構軍が睨み合うという構図ができあがったのです。

■なぜ？　冷戦が終わってから活発となる軍事同盟

冷戦が終わるまで、この両者が直接ぶつかり合うことはありませんでした。NATO軍にいたっては、冷戦下では一発の銃弾も撃っていません。

しかしワルシャワ条約機構軍のほうは、しばしば出動していました。とはいえ、それは西欧諸国と戦うためではありません。東欧諸国で起こる民主化運動や自由化運動を叩き潰すためです。

当時のソ連には、「ブレジネフ・ドクトリン」というものがありました。ソ連共産党のブレジネフ書記長が提唱した戦略です。それによれば、**ワルシャワ条約機構の加盟国は、社会主義全体の利益のために自国の主権を制限されることもある。**「社会主義のため」と言えば聞こえはいいのですが、要するに**「ソ連から少しでも離れようとすると軍隊で押し潰すぞ」**ということです。

事実、たとえば一九五六年に起きたハンガリー動乱では、蜂起した民衆がソ連軍に鎮圧されました。数千人の市民が殺され、二五万人もの人々が国外に逃げて難民となっていきます。「プラハの春」と呼ばれるチェコスロバキアの変革運動（一九六八年）も、ワルシャワ条約機構軍が軍事介入し、全土を占領下に置きました。

その当時の写真を見ると、プラハ市民に取り囲まれたソ連軍の戦車の真ん中に白い線が引いてあるのがわかります。これは、チェコスロバキア軍の戦車と区別するための目印でした。どちらもワルシャワ条約機構軍の一員で、使用する戦車も同じソ連製。同盟国でありながら敵対することが想定されたのがおかしな話なのですが、うっかり味方同士で撃ち合わないようにするには、そういう目印が必

同士討ちをしないために、ソ連軍の戦車には白い目印がつけられた（プラハ）

要だったのです。

一方のＮＡＴＯ軍も、冷戦時代は実戦への出動がなかったものの、前にも紹介したボスニア・ヘルツェゴビナ紛争では内戦に介入しました。さらに一九九九年には、同じバルカン半島で起きたコソボ紛争に軍事介入し、セルビアへの空爆を行っています。**東西冷戦のために結成された軍事同盟が、冷戦が終わってから初めて軍事行動を起こして人を殺すことになったのは、何とも皮肉な成り行きとしか言いようがありません。**

ただし、かつての冷戦に似た対立構造はいまでも存在します。

ソ連が崩壊した後、それまでワルシャワ条約機構の一員だった東欧諸国は相次いでＮＡＴＯに加盟しました。いまは、かつてソ連の一部だったジョージア（旧称・グルジア）やウクライナもＮＡＴＯへの加盟を目指しています。周辺に緩衝地帯を置きたいロシアがこれに反発するのは当然の成り行きでしょう。二〇〇八年には南オセチアでロシアとジョージアの戦争が起こり、二〇一四年にはクリミア半島の帰属をめぐってロシアとウクライナの間で危機が生じました。ＥＵ派とロシア派が対立するウクライナで騒乱が起こり、ロシア系住民の多いクリミアは住民投票でロシアへの編入を求め、ロシアのプーチン大統領は、クリミアをロシアに併合しました。これをアメリカやＥＵ諸国は認めていません。

クリミア半島は、一九一七年のロシア革命以降、ソ連の支配下になり、大勢のロシア人が住むようになりました。一九五四年にクリミア半島はロシアからウクライナ共和国に移管されました。当時のソ連のフルシチョフ第一書記が、ウクライナのご機嫌を取るためにしたことでした。このときは、同じソ連の内部での移管だったので問題は起きませんでしたが、ソ連が崩壊してウクライナが独立すると、クリミア半島はそのままウクライナになりました。ここに紛争の種があったのです。

その意味で、ヨーロッパとロシアは冷戦下とあまり変わらない緊張関係を続け

ウクライナと周辺国

黒海に面したウクライナのクリミア半島は、天然ガスの供給ルートとして軍事的に重要な位置にある

ていると言えるでしょう。それを「新冷戦」と呼ぶこともあります。ここに何か間違いが起これば、また世界規模の戦争に発展する可能性もあるのです。

ウクライナでは二〇一九年四月に大統領選挙の決選投票が行われ、ウラジミール・ゼレンスキーという政治活動経験のないコメディアンが現職のポロシェンコを破りました。日本で言えば北野《きたの》武《たけし》さんが総理になったような感じでしょうか。それはともかく、ゼレンスキーはポロシェンコと異なり、ロシアに対して柔軟な姿勢を示すのではないかと見られています。

ロシアとヨーロッパ、双方が過去の戦争の教訓を活かしながら、平和を保つための知恵を絞らなければいけないのです。

第六章

終わることのない「中東」宗教対立

■パレスチナを巡る宗教対立の発端は……

米ソを中心とする東西冷戦は、基本的に「資本主義対社会主義」というイデオロギーの対立でした。いまも社会主義国はいくつかありますが、ソ連の崩壊によって、戦争に直結するほどのイデオロギー対立はほとんどなくなったと言っていいでしょう。軍拡を続ける中国は大きな脅威ですが、建前は社会主義国であっても、実質的には資本主義になっています。

冷戦終結後の世界は、イデオロギーの対立に代わって、宗教の違いによる対立が目立つようになりました。ソ連の崩壊から間もなく起きた湾岸戦争は、そんな時代の変化を象徴するようなものだったと言えます。イラクはイスラム教、アメリカはキリスト教の国ですし、イスラム教の聖地があるサウジアラビアに異教徒である米軍が進駐したことも、後の世界情勢に大きな影響を与えました。それは、すでにお話ししたとおりです。

しかし、中東の地における激しい宗教対立は、いまに始まったことではありません。冷戦下の世界でも、それはありました。いわゆる「パレスチナ問題」です（パレスチナとは現在のイスラエル、パレスチナ自治区、ヨルダン、レバノン、シリアの一部一帯を指します）。ユダヤ人国家のイスラエルと周辺のアラブ国家との間では、一九四八年の第一次中東戦争から一九七三年の第四次中東戦争まで、四度にわたって大規模な戦争が起きました。米英がイスラエル、ソ連がアラブ諸国を支援していたので、冷戦の代理戦争のような側面もありましたが、これは領土問題でもあり、宗教対立でもありました。冷戦終結から約三〇年が過ぎた現在も、パレスチナでの紛争は続いています。

事の発端は、一九四八年にパレスチナの地にイスラエルが建国されたことでした。イスラエルが独立を宣言すると、翌月エジプト、サウジアラビア、イラク、シリア、レバノンなどがイスラエルを攻撃。第一次中東戦争が勃発したのです。イスラエルではこれを「独立戦争」と呼び、その領土は開戦前よりも広がりました。

では、そもそもなぜ第二次大戦後のその時期にイスラエルが建国されたのでしょうか。

あの地の歴史を詳しく語っているとそれだけで一

エルサレムを巡るユダヤ教、キリスト教、イスラム教の動き（古代から16世紀まで）

BC11世紀	サウルがユダヤ人国家イスラエル王国初代国王になる
BC10世紀	ソロモン王がエルサレムに神殿を建設
BC 6世紀	新バビロニアがエルサレムを征服（ユダ王国滅亡）
4世紀	ローマ帝国がミラノ勅令によってキリスト教を公認。エルサレムはキリスト教の聖地に
7世紀	イスラム教（610成立）の第二代正統カリフ、ウマルがエルサレムを占領する
	エルサレムはユダヤ教、キリスト教、イスラム教の聖地に
11世紀	十字軍、エルサレムを攻略。キリスト教国家「エルサレム王国」を建国 ユダヤ教徒やイスラム教徒、カトリック以外のキリスト教徒の大規模殺戮が行われる
12世紀	イスラム教徒サラディンが十字軍からエルサレムを奪還
16世紀	オスマン帝国がエルサレムを支配下とする

冊の本になってしまうので、ごく簡単に説明しておくと、紀元前一〇世紀ごろには、エルサレムを中心とするユダヤ人国家のイスラエル王国が繁栄していました。しかしこの王国は、周辺国の侵略によって滅亡します。

四世紀になると、エルサレムはローマ帝国が公認したキリスト教の聖地となりました。「異教徒皇帝」とも呼ばれたユリアヌス帝の時代にはユダヤ人の居住も許されましたが、七世紀になるとイスラム帝国が進出。この時点で、エルサレムはユダヤ教、キリスト教、イスラム教という三つの宗教の聖地となりました。

一一世紀には十字軍が攻め込んで、エルサレム王国というキリスト教国家をつくりますが、一二世紀後半には再びイスラム勢力がエルサレムを奪い返しました。それ以降、パレスチナの地は基本的にイスラムの勢力圏となります。一六世紀にはオスマン帝国の支配下に入りました。現在も残るエルサレム旧市街を囲む城壁は、大半がオスマン帝国時代に築かれたものです。それが大きく転換したのは、二〇世紀に入ってからのこと。第一次世界大戦がきっかけです。

■すべては黒幕イギリスの「三枚舌外交」から起きた

第一次大戦で、オスマン帝国は同盟国の一員でした（161ページの地図参照）。イギリスやフランスなどの連合国としては、これを弱体化させたい。そこでイギリスは、オスマン帝国に支配されているアラブ人に反乱を起こすようにけしかけます。その交換条件として提示したのが、「アラブの独立」。独立を支持することで、アラブをイギリス陣営に引き込んだのです。イギリス軍からアラブ諸部族へ派遣された士官、トーマス・エドワード・ロレンスの活躍は、映画『アラビアのロレンス』で有名ですが、アラブ人の独立のために見えた行動はイギリス軍のためのものでした。聖地メッカの太守《アミール》（ここでは行政を管轄する責任者のこと）フサイン・イブン・アリーとイギリスの駐エジプト高等弁務官ヘンリー・マクマホンがやり取りした書簡によって結ばれたので、この約束のことを「フサイン＝マクマホン協定」と言います。

ところがイギリスは、その一方でユダヤ人にもパレスチナでの居住地建設を約束していました。ユダヤの大財閥であるロスチャイルド家から、戦争に必要な資金の援助を受けるためです。こちらはイギリスの外務大臣アーサー・ジェームズ・バルフォアが表明したので「バルフォア宣言」と呼ばれています。戦争のために「二枚舌」を使ったと非難されても仕方ありません。

しかし第一次大戦中のイギリスには、もう一枚「舌」がありました。同じ連合国のフランス、ロシアとの間で結んだ「サイクス・ピコ協定」という秘密協定で、大戦後にオスマン帝国の領土をどのように分割するかを決めていたのです。そこでは、パレスチナを国際管理下に置くことになっていました。これでは、アラブの独立を認めたフサイン＝マクマホン協定とも、ユダヤ民族の居住地建設を認めたバルフォア宣言とも矛盾します。どちらも「パレスチナの話はしていない」と言い張ることもできるので、解釈によっては三つの協定に矛盾はないとする見方もありますが、当事者のアラブ人やユダヤ人が「三枚舌」と批判し、イギリスに不信感を抱くのは当然でしょう。

結局、第一次大戦が終わると、パレスチナはイギリスの委任統治領になりました。委任統治とは、まだ国として独立するほどの力がない地域の統治を国際連盟が先進国に委任する仕組みです。たとえば日本も第一次大戦後に、かつてドイツ領だったパラオを委任統治しました。「ペリリュー島の戦い」が行われたアジア・太平洋戦争の激戦地のひとつですが、もともと委任統治領だったので、ここは日本軍が攻め込んで占領したほかの島とは事情が違います。戦前から、多くの日本人が居住していました。

しかし、国際連盟から委任された形を取ったとはいえ、これは事実上の植民地のようなもの。パレスチナの場合、「三枚舌外交」への恨みが長くくすぶっていたこともあって、第二次大戦が終わるとイギリスへの不満が爆発しました。駐留しているイギリス軍に対して、ユダヤ人のグループが次々とテロを仕掛けたのです。

ちなみに、当時はユダヤ人テロリストグループが二つあり、それぞれのリーダーだったメナヘム・ベギンとイツハク・シャミルは、いずれも後にイスラエルの首相を務めています。客観的に見れば「テロリスト」ですが、イスラエル国民から見れば「愛国的な独立運動家」ということになるのでしょう。

たとえば一九四六年七月、イギリス軍総司令部が置かれていたキング・デービッド・ホテルに爆弾が

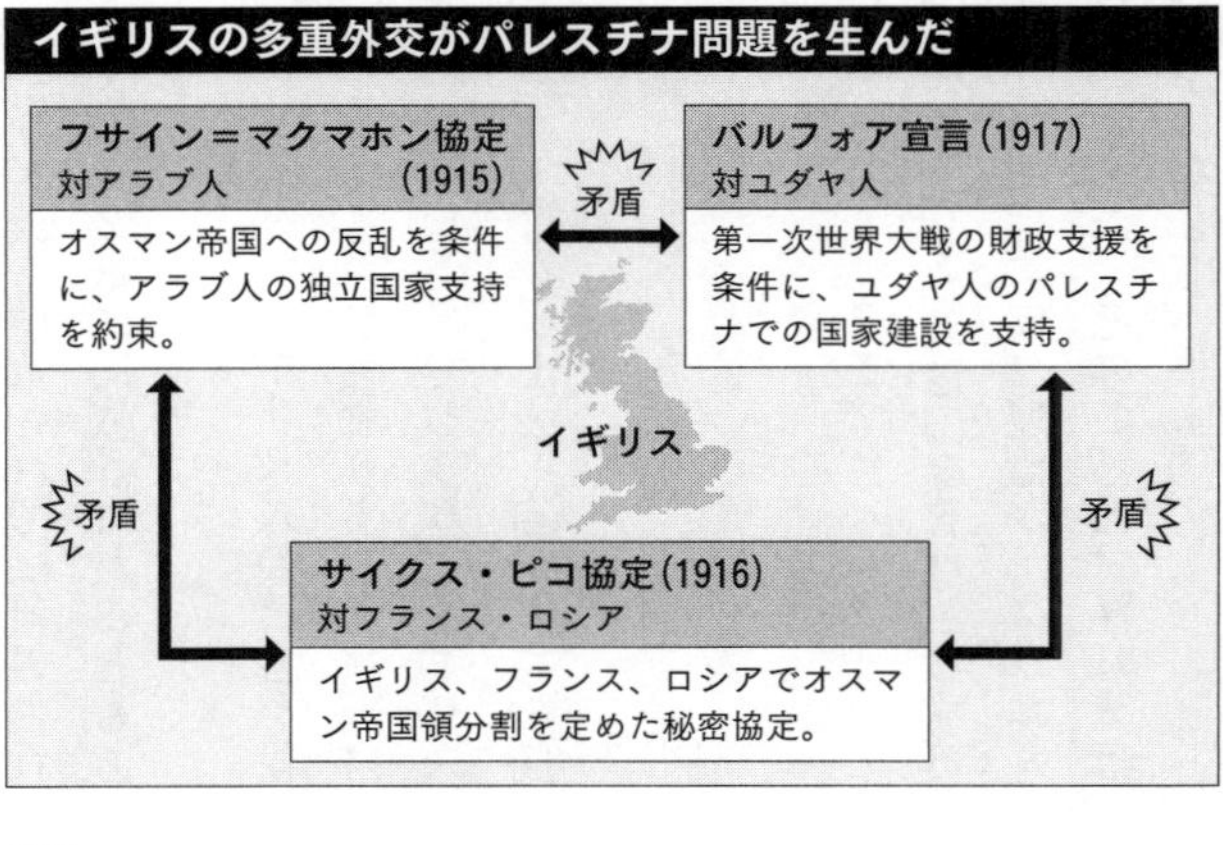
イギリスの多重外交がパレスチナ問題を生んだ
フサイン＝マクマホン協定（1915）
対アラブ人
オスマン帝国への反乱を条件に、アラブ人の独立国家支持を約束。
矛盾
バルフォア宣言（1917）
対ユダヤ人
第一次世界大戦の財政支援を条件に、ユダヤ人のパレスチナでの国家建設を支持。
イギリス
矛盾
矛盾
サイクス・ピコ協定（1916）
対フランス・ロシア
イギリス、フランス、ロシアでオスマン帝国領分割を定めた秘密協定。

仕掛けられ、一般の宿泊客も多数が犠牲となりました。イギリス兵も拉致されては殺害されます。殺された若い兵士の死体が吊《つる》された写真が、イギリスの大衆紙に掲載されたこともありました。

こうなると、イギリス本国の世論が動きます。「なぜパレスチナでイギリス人の若者が殺されなければならないのか!」という怒りが高まり、撤退を求める声が強まりました。国自体も戦争で疲れきっていたので、テロと戦う余力も残っていなかったのでしょう。イギリスはパレスチナから逃げ出し、事後処理は国際連合に丸投げしてしまいました。自分たちの勝手な策謀で混乱させたのに、無責任な話です。

■繰り返された中東戦争

この事態を受けて、一九四七年一一月に国連総会が開かれました。ここで、パレスチナの土地の五六・五%をユダヤ国家、四三・五%をアラブ国家(エルサレムは国際管理)とするパレスチナ分割案が可決されます。これに対抗して、翌年二月にはアラブ連盟がイスラエル建国阻止を決議。今度はアラブ人によるテロが猛威を振るいました。そのころにアメリカはパレスチナ分割案への支持を撤回し、国連による信託統治を提案しています。

しかし一九四八年五月にイギリスのパレスチナ委任統治が正式に終了すると、イスラエルが独立を宣言しました。これを引き金にして、第一次中東戦争が起きたのです。

第二次中東戦争は、一九五六年。エジプトのナセル大統領がスエズ運河の国有化を発表したことにイギリスとフランスが反発し、イスラエルに戦争をけしかけました。しかしこの戦争は、いつもイスラエルを支援するアメリカにさえ非難されます。結局、国連の調停によって、イギリスとフランスはスエズ運河の国有化を受け入れました。

一九六七年の第三次中東戦争は、ゴラン高原（下の地図のD）でのユダヤ人入植地建設をめぐる緊張が高じたことが原因です。エジプト、シリア、イラク、ヨルダンの空軍基地を攻撃して優位に立ったイスラエルは、聖都エルサレムを含むヨルダン川西岸地区、エジプトのガザ地区と

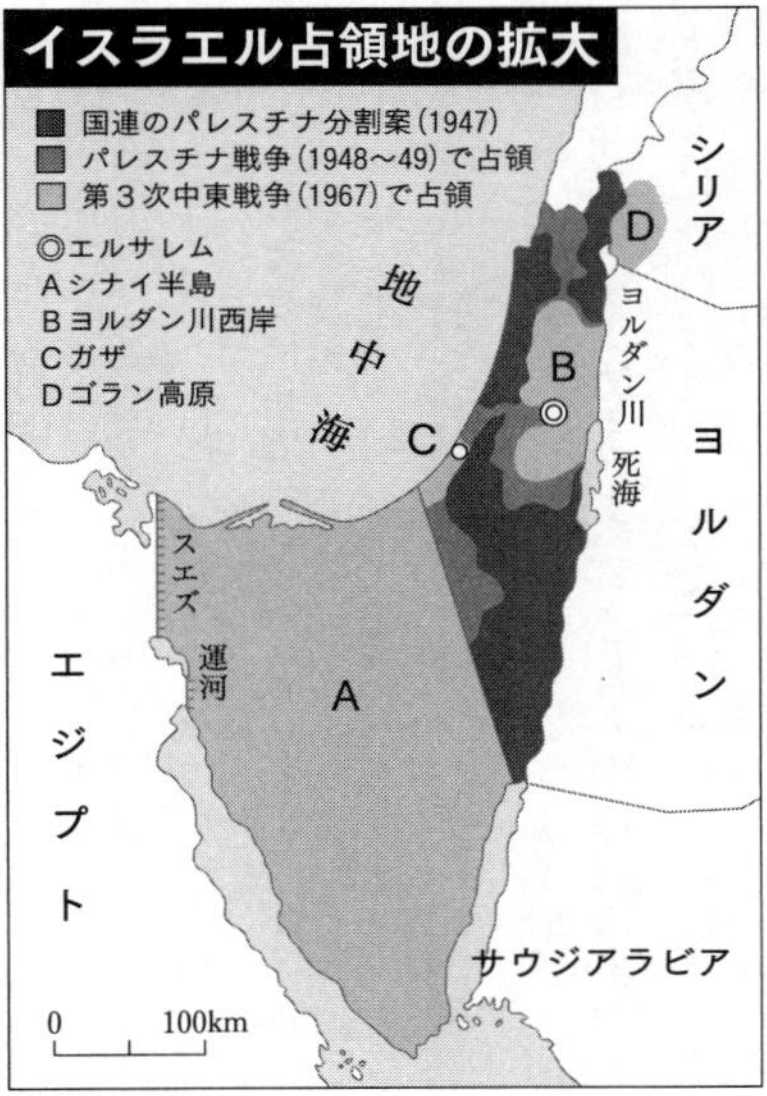

シナイ半島、シリアのゴラン高原などを占領し、たった六日間の戦争で領土を四倍以上に広げました。

そして一九七三年、失った領土を挽回すべく、エジプトとシリアがイスラエルを先制攻撃したことで、第四次中東戦争が始まりました。このときに世界中で起きたのが、「オイルショック」です。

イスラエルを支援する西側諸国にプレッシャーをかけるために、アラブ石油輸出国機構（OAPEC）が原油の生産を段階的に削減することを決定。さらにOAPEC加盟国は、イスラエルを支持するアメリカやオランダへの石油禁輸を決めました。これらの措置によって石油の国際価格が上昇したので、日本も他人事ではありません。すでに始まっていたインフレが加速し、「狂乱物価」という言葉も生まれました。どういうわけか、原油価格とは関係のないトイレットペーパーや洗剤が不足するというデマが流れ、人々が買い占めに走るというパニックも起きています。

これ以降、イスラエルとアラブ諸国の戦争は起きていません。一九七八年には、エジプトのサダト大統領がイスラエルとの平和条約に調印し、ノーベル平和賞を受賞しました（ただし一九八一年に和平に反発する勢力の手で暗殺されてしまいました）。それまでの中東戦争を主導していたエジプトが反イスラエル路線を転換したことで、アラブ諸国の連携が崩れたのです。

■ナチスの蛮行を見て見ぬ振りしたヨーロッパの負い目

その後は、パレスチナ解放機構（ＰＬＯ）をはじめとする非政府組織がイスラエルと敵対するようになりました。国家同士の戦争ではなくなりましたが、ゲリラ戦やテロなどの形で紛争は続いたのです。

その中東情勢の解決に乗り出したのが北欧のノルウェーでした。首都オスロで秘密の交渉を続け、「オスロ合意」が成立します。アメリカのクリントン大統領が「証人」となって、一九九三年九月にイスラエルとＰＬＯがパレスチナの暫定自治協定に調印しました。翌年五月にパレスチナ自治政府が設立され、長くＰＬＯの議長を務めたヤセル・アラファトが自治政府議長に就任します。アラファトとイスラエルのイツハク・ラビン首相はノーベル平和賞を受賞しました。しかしラビンはその翌年、極右のユダヤ人に射殺されてしまいます。エジプトのサダトと同じく、ノーベル平和賞を受賞した後に殺されるという運命をたどってしまいました。中東問題はあまりにも根が深いため、双方の人々が心から納得できる形での解決はなかなか難しいということでしょう。

二〇〇〇年にはイスラエルの右派政治家アリエル・シャロンがエルサレムの「神殿の丘」を訪問してパレスチナ人の感情を逆撫《さかな》でし、反イスラエルの暴動が発生しました。ここでちょっと説明しますと、「神殿の丘」はエルサレム旧市街の東に位置する小高い丘で、ユダヤ教とイスラム教、双方の聖地です。ここには、かつて古代ユダヤ教の神殿が建っていました。その一部が「嘆きの壁」として残っていますが、現在私たちが丘の上で目にするのはイスラム教のモスクとドーム（預言者ムハンマドが天に上って戻ってきたとされる場所にあります）です。**つまりエルサレムはイスラエル領内の都市であるとしても、「神殿の丘」を実質的に管理しているのはイスラム教徒。**彼らにとってシャロンの行為は宗教的な冒瀆《ぼうとく》に映ったのです。そのシャロンがイスラエル首相に就任して以降も、ＰＬＯの武装勢力やイスラム原理主義組織のハマスとの間で暗殺や自爆テロなどが続きます。

二〇〇八年には、ガザ地区を実効支配するハマスとイスラエルの間で大規模な紛争も起きました。アラブではこの紛争を「ガザの虐殺」と呼んでいます。

二〇一一年には、アラファトの後を継いだアッバース議長が、パレスチナ自治政府の国連加盟申請を発表しました。翌年の国連総会では、それまで「オブザーバー組織」だったパレスチナを「オブザーバー国家」に格上げすることが承認されています。もともと国連決議に基づいてイスラエルが建国されたところから始まった話ですから、こうして国連を通じた解決を模索するのが良いと、普通は思うでしょう。

しかしこの国連の決定に対しても、イスラエル国内では反発の声が上がります。パレスチナに有利な決定がなされると、イスラエルの極右勢力が黙っていないのです。二〇一四年には、イスラエルがガザ地区に侵攻しました。

こうしたイスラエルの動きを抑えられないのは、第二次大戦中の記憶がまだ消えないせいもあるでしょう。ナチスによるユダ

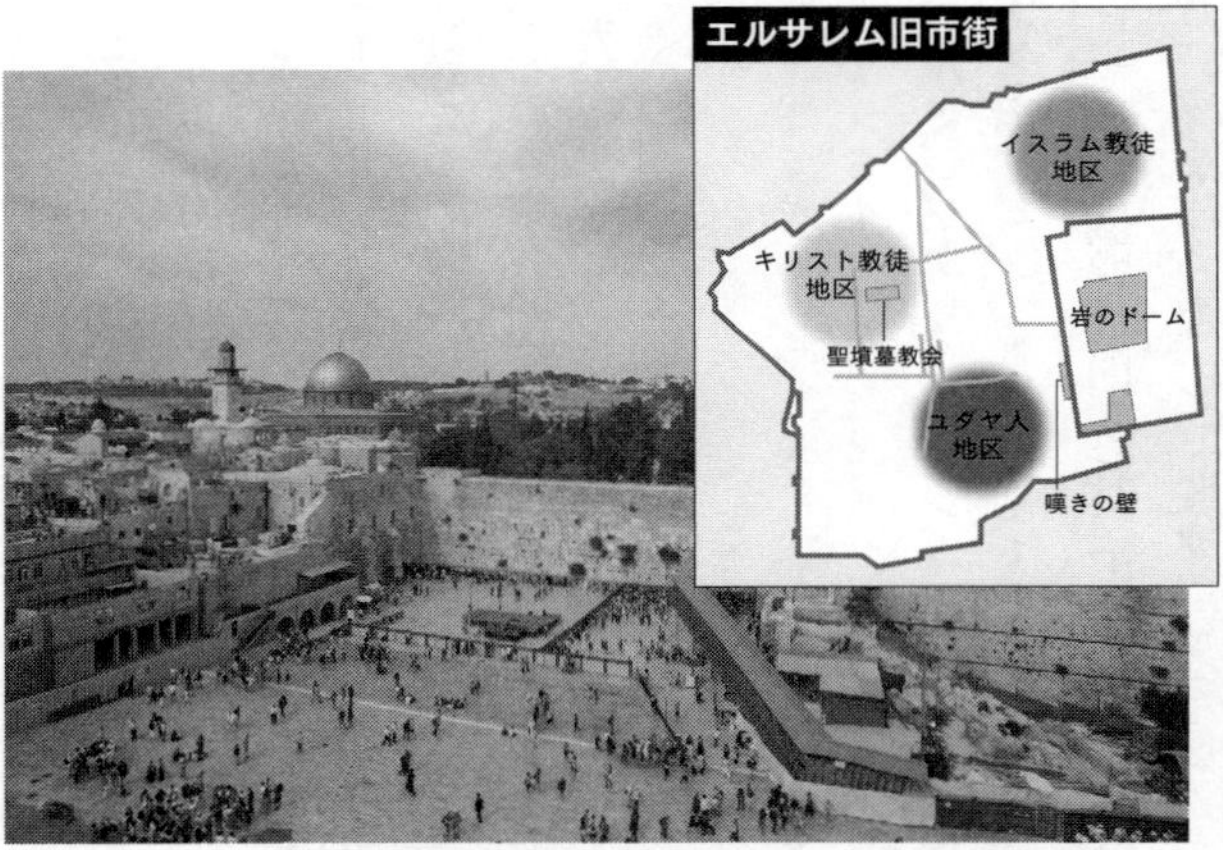

エルサレムにあるユダヤ教の聖地、嘆きの壁（古代神殿の外壁の一部）。その奥にはイスラム教聖域（神殿の丘）に黄金のドームが建つ

ヤ人の大量虐殺という過去に負い目を感じているのは、ドイツだけではありません。周辺のヨーロッパ諸国も、ドイツ国内で非人道的なことが行われているのを薄々は知っていました。でも、それを積極的に止めようとはせず、ある意味では見殺しにしてしまったのです。

もともとヨーロッパではユダヤ人に対する差別や偏見が根深くあったので、あまり親身になれなかった面があるのは否定できません。**ヨーロッパの人たちにはその負い目があるので、イスラエルが中東で残虐な振る舞いをしても表立って非難しにくいのです。**もちろん、イスラエルはユダヤ教、ヨーロッパはキリスト教という宗教的にデリケートな関係にあることも、介入を難しくしています。

■アメリカ大使館のエルサレム移転が波紋を

そうした中で、アメリカのトランプ大統領は二〇一七年一二月、エルサレムをイスラエルの首都と認め、在イスラエルアメリカ大使館をテルアビブからエルサレムに移転すると発表して、中東やヨーロッパのみならず世界中に波紋を拡《ひろ》げました。先に触れたように、エルサレムはユダヤ教、キリスト教、イスラム教の聖地です。城壁に囲まれた旧市街（この城壁はオスマン帝国時代に築かれたもの）には「神殿の丘」（イスラム教）と「嘆きの壁」（ユダヤ教）、そしてイエス・キリストの墓所に建つとされる聖墳墓《せいふんぼ》教会があり、それぞれの信徒が祈りを捧《ささ》げています。

世界各国は、イスラエルの首都をエルサレムとは認めず、地中海に面したテルアビブに大使館を置いています。アメリカも例外ではありません。しかしアメリカはトランプ大統領の発表を実行に移しました。二〇一八年五月、アメリカ大使館はエルサレムに移転したのです。アメリカは一九九五年に「エルサレム大使館法」を定め、法律上はエルサレムへの大使館移転が決められているのですが、歴代の大統領が実行に移すことはありませんでした。

しかもトランプ大統領は二〇一九年三月に

ゴラン高原に対するイスラエルの主権を承認する大統領令に署名したトランプ大統領。右がイスラエルのネタニヤフ首相

なると、お得意のツイッターで「ゴラン高原に対するイスラエルの主権を認めるべきだ」と述べ、またもや世界を騒がせます。前述しましたが、シリア領だったゴラン高原は第三次中東戦争以来、半世紀にわたりイスラエルが占領しています。一九八一年には一方的に併合《へいごう》を宣言しました。ただし、この併合宣言は国連安保理に無効と決議され、世界もイスラエルの主権を認めていません。

まるで世界に背を向けるようなアメリカの政策が、中東情勢を一段と混迷させているのです。

■イスラム原理主義者だけが過激なわけではない

このように、中東では第二次大戦の直後からパレスチナ問題がくすぶり続けており、冷戦終結後も解決の糸口は見えません。それに加えて、冷戦後はイラクのクウェート侵攻に端を発する紛争や戦争が立て続けに起きています。これから国際社会が平和な世界を築いていくためには、この地域から目が離せません。

中東の問題を考えるときは、とかく宗教的な対立がクローズアップされがちです。特に日本人の場合、イスラム教にはあまり馴染みがないこともあって、「何を考えているのかよくわからない」と感じる人も多いでしょう。

でも、そこにばかり注目すると、問題の本質が見えなくなることもあります。

もちろん、中東問題と宗教は切っても切り離せない関係にありますが、たとえばパレスチナにおけるイスラエルとアラブの対立は、それ以前に「土地」をめぐる争いです。どちらも「あの土地は自分たちが住むべき場所だ」と考えているわけで、これは宗教の違いがなくても生じる問題でしょう。日本にも、竹島や北方四島など領土をめぐる外交問題はありますが、韓国やロシアと宗教上の問題で対立しているわけではありません。

また、中東諸国と欧米先進国の間で対立が生じるようになったのも、お互いに相手の宗教が許せなかったからではありません。**それが紛争などの形で具体的に顕在化したのは、あの土地から石油が産出されるようになってからでしょう。**アルザス・ロレーヌ地方をめぐるドイツとフランスの関係がそうだったように、**エネルギーの利権がからめば、宗教など無関係に対立が生じます。**つまり、これは宗教問題である以前に経済問題なのです。

「それにしてもイスラムの人たちのやることは過激で理解できない」と感じる人もいるでしょう。たしかに、第二章で触れた香田さん、湯川さん、後藤さんらを殺害した過激派グループの手口は残忍きわまりないものでしたから、日本人がそんな印象を抱くのも無理はありりません。

でも、あれは極端な過激派たちの仕業です。当然ながら、イスラム教徒がみんなあのような行動を起こすわけではありません。また、どんな宗教であれ、異教徒に対して過激な行動に出ることはあります。イスラム教だけが特別なわけではないでしょう。

たとえば北アイルランドでは、一九六〇年代の後半から、カトリックの住民とプロテスタントの住民の間で血で血を洗うような抗争が続きました。北アイルランドは人口の三分の二をプロテスタントが占めており、少数派のカトリックはさまざまな差別を受けていたのです。そのため両者はしばしば衝突しました。プロテスタント系の民兵組織がカトリック住民に対してテロを仕掛けたり、カトリック住民と警察との間で暴動が何度も発生したりするなど、その激しさはイスラム原理主義の過激派と大差ありません（北アイルランド紛争）。

■「イスラム法」とは何か

ただ、イスラム原理主義者の行動が、先進国の人々にとって理解しにくい面を持っているのもたしかでしょう。

イスラム教の聖典である『コーラン』は、七世紀に預言者ムハンマドの言葉をまとめる形で成立しました。そこには、天使を通じて神がムハンマドに語ったとされる言葉が記されています。しかし、イスラム教の聖典はそれだけではありません。ムハンマド自身の言行録である『ハディース』（伝承）という聖典もあります。

そのコーランとハディースに書かれたことがイスラム教徒の行動の規範になるわけですが、どちらも一四〇〇年ほど前にできたものなので、現代人が「こういうときはどうすべきか」と迷ったときの答えがあるとはかぎりません。しかしそこに書かれていない行動を取ることはできないので、聖典の内容がいまの時代では何を意味しているのかを「解釈」する必要があります。

日本国憲法もしばしば「解釈」が問題になることがあるので、それはわかるでしょう。自衛隊を設立するときも「戦力の不保持を定めた九条には違反していない」という解釈が行われましたし、安倍政権の集団的自衛権の行使容認も「解釈改憲」と呼ばれました。「婚姻は、両性の合意のみに基いて成立」すると定めた二四条も、以前は特に問題視されていませんでしたが、同性婚という問題が浮上したために、その解釈が問題になっています。本来の主旨は「当事者が合意していれば親（家長）の許可は必要ない」ということだと思いますが、「両性」と書いてあるので、男性同士、女性同士の婚姻は認められないように読めてしまう。

社会は、憲法制定時に想定した姿のままではいてくれません。

イスラム教では、コーランとハディースの解釈をイスラム法学者が行い、その解釈によって作られた共通理解を「シャリーア（イスラム法）」と呼びます。宗教の法律というと、人間の生き方に対する道徳的なお説教のようなものをイメージする人もいると思いますが、シャリーアはそれだけのものではありません。民法、刑法、行政法、国際法など幅広い法律の内容を含んでいます。憲法に矛盾しない形でさまざまな法律が定められるのと同じように、イスラム社会ではコーランとハディースに矛盾しない形で法が定められるのです。

したがって、戦争のルールも基本的には七世紀のものと矛盾してはいけません。ムハンマドの時代にも戦争は頻繁に起きていたので、ハディースにはたとえば捕虜の扱いに関する記述もあります。それによれば、当時は捕虜をそのまま殺したり、奴隷にしたりすることもありました。身代金と引き換えに釈放することもありましたが、いずれもハディースに書かれている以上、神が許した行為だと解釈することができます。ムハンマドが神の意思に反することをすれば、神がそれを止めていたはずだからと考えられるからです。

■日本でもテロの嵐が吹き荒れたことがある

もちろん、現代のイスラム教徒がみんな「捕虜を殺してもＯＫ」と思っているわけではありません。しかし聖典に忠実な原理主義者ほど、それに近い解釈をするでしょう。だから**過激派は、七世紀に行われていたことをそのまま現代でも実行します。**拉致した人質を使って身代金や政治的要求を突き付けるのも、その人質を殺害するのも、彼らにとっては「違法」ではありません。

ただし、それはあくまでも彼らの一方的な理屈です。現在の国際法では捕虜の虐待などが明確に禁止されていますから、殺害や身代金要求など許されるわけがありません。そもそもイスラム過激派に捕らえられた人たちは、戦争における「捕虜」ですらない。現代社会の常識に照らせば、あれは「拉致監禁」「誘拐」といった犯罪行為です。

しかし、だからといって、イスラム原理主義者だけが世界史の中で特異な存在というわけではありません。その点は、よく理解しておくべきでしょう。キリスト教の世界でも、近代的な人権思想が定着する前の時代には、ずいぶんひどいことが行われていました。中世ヨーロッパでは「魔女狩り」によって捕らえられた人が火あぶりの刑に処せられたりしていたのです。

それに、テロに関しては日本人もイスラム過激派の悪口ばかりは言えません。戦後の日本にも、ほんの三十数年ほど前まで、過激な武装闘争を目指す人たちがいました。

日本共産党もそのひとつです。

一九五一年、日本共産党の徳田球一《とくだきゅういち》書記長は、意見の対立する幹部を排除して非公然体制を作り、反米武装闘争の方針を決めました。そこで組織されたのが「山村《さんそん》工作隊」です。中国共産党が農村を拠点に革命を起こしたのを真似たものでした。全国の農村に武装したゲリラ部隊を組織して、反米闘争を行うのです。実際、革命を志す学生たちが農村に集まり、日本各地で交番の焼き打ちなどのテロ活動を行いました。

日本共産党は一九五五年に自己批判を行い、武装闘争路線を否定しました。しかしその方向転換に納得しなかった人々が中心になって、「新左翼」と呼ばれる過激派グループを次々と結成しました。彼らは六〇年代の終わりから七〇年代の初めにかけて、ピース缶爆弾事件、よど号ハイジャック事件、あさま山荘事件、三菱重工ビル爆破事件など、さまざまなテロ事件を起こします。

■パレスチナにまで手を伸ばした日本赤軍

また、彼らが暴れたのは日本国内だけではありません。一九七一年に結成された日本赤軍は、パレスチナを拠点として数多くのテロ事件を起こしました。

彼らが海外に出たのは、「世界同時革命」という考え方に基づくものです。もともと共産主義革命は世界同時にやらなければ実現しないと考えられていました。一国だけ革命を起こしても、資本主義国に囲まれていたのでは十分な政策を実行できないからです。ところが現実には、ロシアだけが先に革命を起こして、ソ連ができあがりました。世界同時革命を目指す革命家たちにとって、ソ連は「裏切り者」なのです。

過激派「日本赤軍」が起こしたイスラエルのテルアビブ空港自動小銃乱射事件（1972年）

世界同時革命のために海外に拠点を持とうと考えた赤軍派は、まず、よど号ハイジャック事件を起こして北朝鮮に渡りました。その次は、資本主義の親玉であるアメリカやイスラエルと戦っているパレスチナ解放人民戦線（ＰＦＬＰ）との連携を選んだのです。

ちなみにその時期には、ドイツの過激派もパレスチナに入ってＰＦＬＰと連携しました。これと区別するために、それぞれ「日本赤軍」「ドイツ赤軍」を名乗ったわけです。当時はイタリアにも「赤い旅団」という極左過激派集団がありましたから、もしそれもパレスチナに合流していたら、「赤い枢軸国」などと呼ばれてしまったかもしれません。これはブラックジョークですが。

パレスチナで結成された日本赤軍が最初に起こした大きなテロは、一九七二年のテルアビブ空港乱射事件です。一〇〇人以上の民間人を殺傷し、残酷な無差別テロとして国際社会に非難されました。この事件は、ＰＦＬＰが「日本人は警戒されないのでパレスチナ人よりもテロを起こしやすい」と考えて、日本赤軍に依頼したとも言われています。その意味で、日本はパレスチナをめぐるテロ合戦とも無縁ではありません。

それ以外にも、ドバイ日航機ハイジャック事件、在クウェート日本大使館占拠事件、クアラルンプール事件、ダッカ日航機ハイジャック事件など、日本赤軍の起こした事件の名前ぐらいは、若い世代も見聞きしたことがあるかもしれません。アメリカの当局が日本赤軍を「国際テロ組織」と認定していた時期もあります。日本は「テロの輸出国」だったと言われても、返す言葉がありません。

そんなわけですから、特に宗教的な背景がなくても、社会はテロリストを生み出します。イスラエルとパレスチナの対立が「土地問題」に根ざしているのと同様、イスラム過激派によるテロも宗教的な情熱だけで起きているわけではなく、その背景には先進国との経済格差の問題などが横たわっています。宗教についての理解はもちろん必要ですが、そこだけに目を奪われていたのでは、紛争の根本的な解決には至らないのです。

第七章

日本人が知らないアフリカ、アジアでの「代理戦争」

■四半世紀以上も続いたアンゴラ内戦

ここまで、日本、アメリカ、ヨーロッパ、中東の戦後七四年を振り返ってきました。第二次世界大戦という惨禍を経験したにもかかわらず、その後もいかに世界が戦争ばかりしていたかがおわかりいただけるかと。

戦後の日本は一度も戦争をせず、自衛隊員が敵を殺すことも敵に殺されることもなかったとはいえ、ベトナム戦争やイラク戦争などのアメリカの戦争には間接的に関わってきましたし、前章で見たように国際的なテロリストも出しています。決して「平和国家」として胸を張れるような立場ではありません。

さてこの章では、まだほとんど触れていなかった地域の「戦後」について取り上げます。まずは、アフリカです。日本に住んでいると、馴染みがない地域です。アフリカ大陸、その戦後七四年も、平穏なものではありませんでした。各地で内戦が起こっています。その多くは、東西冷戦の影響を受けたものでした。朝鮮戦争やベトナム戦争と同様、米ソ両大国の「代理戦争」のような形で紛争が発生し、多くの人々が苦しんだのです。

その中でもいちばん典型的なパターンと言えるのが、一九七五年から二五年以上も続いたアンゴラ内戦でしょう。日本ではあまり報道されないこともあって、強い関心を持って見ている人は少ないでしょうが、ベトナム戦争が終わったころに始まった内戦が、アメリカで同時多発テロが起きたころにもまだ続いていたのです。終結したのは、二〇〇二年のことでした。

一四世紀にコンゴ人によって建国されたコンゴ王国は、一六世紀の後半に「ポルトガル領アンゴラ」となります。それ以降、アンゴラは黒人奴隷の供給源となりました。一九世紀までに、ブラジル、アルゼンチン、キューバなどに三〇〇万人もの黒人が奴隷として連れて行かれたのです。

一九世紀終盤になると、アフリカには植民地を求めるヨーロッパの列強が群がり、支配権を奪い合いました。第一次世界大戦の前に

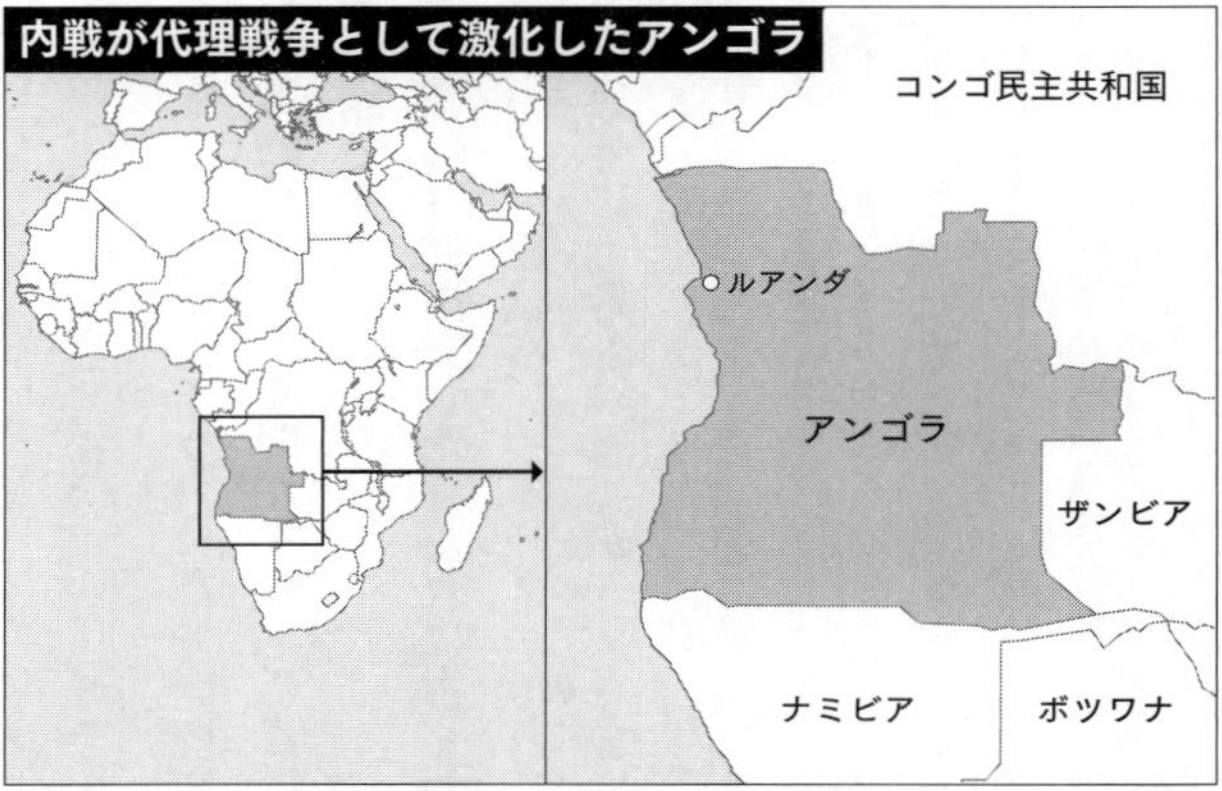

アフリカの南西に位置するアンゴラでは 1975 年から 2002 年まで 27 年もの間内戦が続いていた

は、イギリス、フランス、ドイツ、イタリア、スペイン、ベルギー、ポルトガルの七ヵ国が、リベリアとエチオピア以外のアフリカ大陸を分割支配します。

そのアフリカ分割の原則が定まったのは、一八八四〜八五年にドイツの首都で開催された「ベルリン会議」でした。**現地のアフリカの人たちの意向をまったく聞かずに「ここは誰のものにするか」と相談したのですから、実に身勝手な話です。**

この会議を開くきっかけとなったのは、ベルギーのコンゴ進出でした。これに古くから進出していたポルトガルが反発して、コンゴ川河口地域の主権を宣言。イギリスがそれを支持しましたが、フランスはベルギーを支持します。それ以外にも各国の思惑がさまざまに絡み合い、アフリカをめぐる対立は深まるばかり。その利害を調整するために、ドイツの首相ビスマルクが国際会議を招集したのです。

その結果、コンゴ自由国のベルギー領有が認められ、ポルトガルはコンゴ川流域の大部分を失いました。その後、ポルトガルはイギリスとの対立によってザンビア、マラウイ、ジンバブエから撤退。一八九一年に、現在のアンゴラがポルトガル領になりました。

■独立戦争の主導権争いが いつの間にか米ソの対立関係に

しかし第二次世界大戦が終わると、アフリカ諸国がヨーロッパの支配から脱し、次々と独立します。アンゴラでは、一九六一年にアンゴラ解放人民運動（ＭＰＬＡ）が政治犯の解放を求めて刑務所を襲撃したのを引き金に、ポルトガル軍を相手にした独立戦争が始まりました。ただし、独立運動の牽引《けんいん》役はＭＰＬＡに一本化されていたわけではありません。アンゴラ国民解放戦線（ＦＮＬＡ）とアンゴラ全面独立民族同盟（ＵＮＩＴＡ）という組織もあり、三者が主導権争いをしていました。それが、独立後に起きる内戦の伏線となりました。

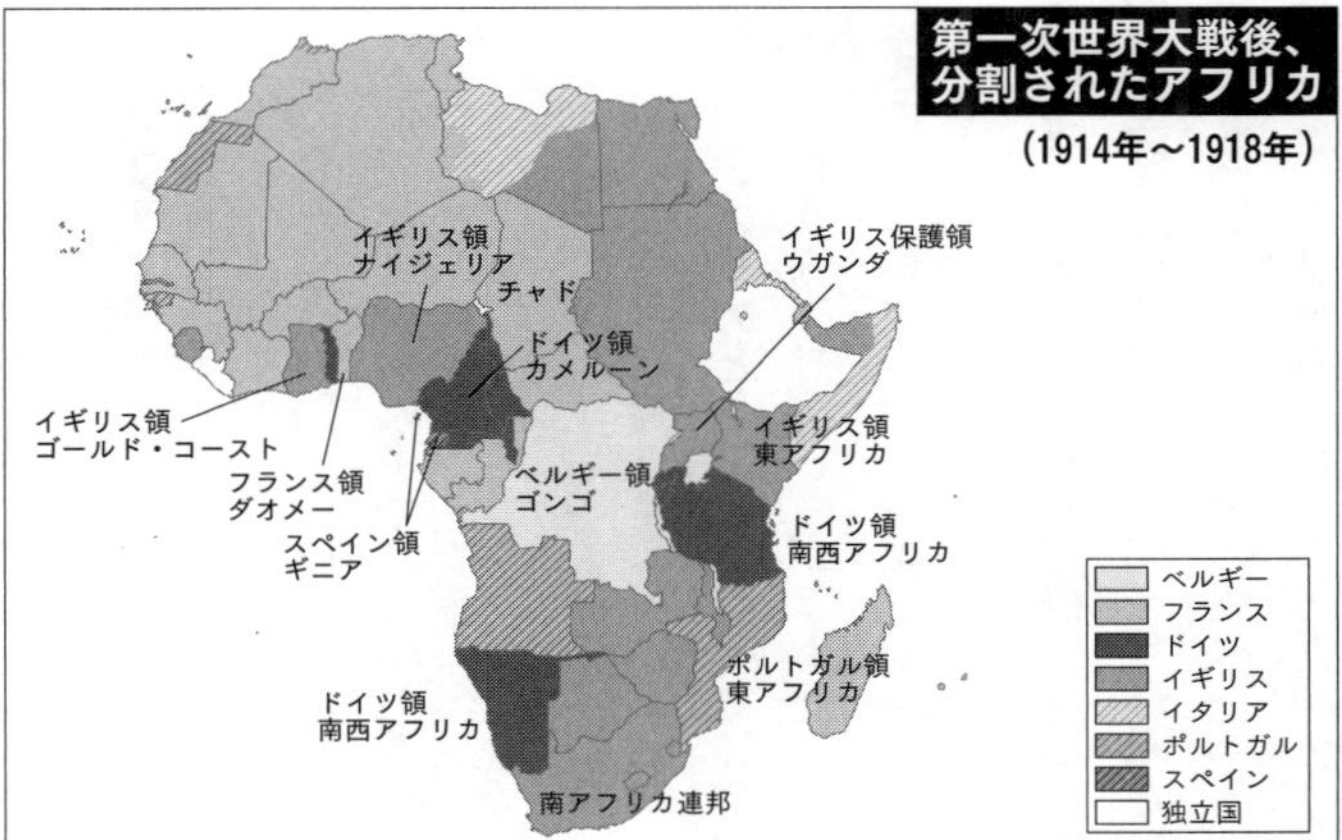

ベルリン会議でアフリカは欧州諸国によって一方的に分割された

独立戦争は、一九七五年まで続きました。**つまりアンゴラは、内戦が始まるまでに、すでに一〇年以上も戦争をしていたことになります。**

その年の一月にMPLA、FNLA、UNITAの三者が独立に関する協定を結び、三月にはポルトガルと休戦協定を調印しました。このとき独立運動組織の中で最大勢力を持ち、首都のルアンダを掌握していたのは、MPLAです。普通なら、MPLAを中心とした政権が独立を宣言することになるでしょう。

ところが、ここで大国による横やりが入りました。MPLAはソ連とキューバの支援を受けていたので、**世界のどこであれ共産化を食い止めたいアメリカとしては、黙って見ているわけにはいきません。**FNLAとUNITAを支援して、東側に対抗します。また、アメリカとの国交を回復していた中国も、当時は同じ社会主義国でありながらソ連と対立していたため、UNITAを支援し始めました。

そうなると、東側も力が入ります。**キューバ危機以降、アメリカと敵対関係にあったキューバは、MPLAを支援するために四〇〇〇人もの軍事顧問団をアンゴラに送り込んだのです。**カリブ海の島国とアフリカの小国の間にこのような関係が生じるのは不思議といえば不思議な話ですが、そんなことが当たり前のように起こるのが冷戦下の世界だったのです。

内戦が始まると、このキューバ軍事顧問団の指揮するMPLAは強力でした。首都ルアンダに侵攻したFNLAは、そこで大敗を喫します。さらに一〇月には、反アパルトヘイトを掲げるMPLAを倒すべく南アフリカがアンゴラに攻め込みましたが、今度はキューバ軍がルアンダに上陸してこれに対抗。ソ連も、軍を派遣するまでには至りませんでしたが、兵器や物資を大量にMPLA側に供給しました。

そんな内戦が続く中で、一九七五年一一月にMPLAが「アンゴラ人民共和国」の独立を宣言します。一方のFNLAとUNITAも、これに負けじと「アンゴラ人民民主共和国」の独立を宣言。「二つのアンゴラ」ができてしまったのです。

二七年間の内戦で三六〇万人もの犠牲者が

ただし、ソ連とキューバに加えて、アフリカ諸国の多くもMPLA政権のほうをすぐに承認したので、国際的な立場はどちらかというと「アンゴラ人民共和国」のほうが上になったと言えるでしょう。その後もUNITAはアメリカと南アフリカの支援を受けながらゲリラ戦を展開しましたが、FNLAのほうは一九八四年に降伏しています。

内戦がいったん終息に向かったのは、一九九一年のこと。冷戦が終われば、米ソの代理戦争としての側面がなくなるので、当然の流れと言えるでしょう。MPLA政権が社会主義路線を捨て、一党独裁をやめて複数政党制の導入を決めたことで、和平の気運が高まりました。かつての宗主国であるポルトガルが仲介して、MPLAとUNITAはリスボンで和平協定に調印します。

しかし、内戦はそれからさらに一〇年ほど続きました。選挙結果をめぐる対立などもあり、**政府軍とUNITAが武力衝突を繰り返したのです。**UNITAは、ダイヤモンドの密輸によって資金を得ていました。一九九四年には国連の仲介でいったんは和平が成立しましたが、UNITAの武装解除がうまくいかず、戦火がやみません。

その抗争にようやく終止符が打たれたのは、一九九八年に国連がUNITAのダイヤモンド取引を禁止し、資金源を断《た》ったことがきっかけです。さらに二〇〇二年二月には、UNITAのリーダーだったサヴィンビという人物が戦死しました。それから二カ月後に休戦協定が結ばれ、二七年間にも及んだ内戦が終結。**独立戦争が始まった一九六一年から数えれば、四二年ぶりに平和が訪れたことになります。**

この内戦では、三六〇万人もの死者が出ました。期間が長いとはいえ、一国の内戦における犠牲者がアジア・太平洋戦争における日本の戦没者数よりはるかに多いのですから、それがいかに激しいものだったかがわかるでしょう。

しかも、これは第二次大戦後のアフリカで起きた内戦のひとつにすぎません。たとえばスーダンの内戦でも、二〇〇万人近くの死者が出ています。アフリカ全体でどれだけの犠牲者が出ているのか見当もつきません。

また、アンゴラは平和になり、ダイヤモンドや石油の輸出によって経済的にも発展していますが、内戦の後遺症は深刻です。国連の推定では、アンゴラに残されている地雷は数百万発。戦闘は終わりましたが、その地雷によっていまも毎年のように死者が出ています。「戦後処理」は、まだ終わっていません。

アフリカの紛争ダイヤモンド（紛争の資金源）をテーマにした映画『ブラッド・ダイヤモンド』は、内戦に巻き込まれる少年兵の実態も描いている

■ソマリアの南北対立

もうひとつ、ソ連とキューバが関わったアフリカの内戦を紹介しておきましょう。一九八〇年代に始まり、現在も続いているソマリア内戦です。

国名は見聞きしたことがあっても、ソマリアがどこにあるのか把握していない人も多いでしょう。アフリカ大陸の東端、インド洋に向かって突き出した「アフリカの角」と呼ばれる半島にあるのがソマリアです。かつては「ソマリランド」と呼ばれており、一九世紀の終盤から、北部をイギリス、南部をイタリアが支配してきました。

第二次大戦後は、まず北部のイギリス領が「ソマリランド国」として独立を果たします。その数日後には、南部もイタリアから独立。南北が統合されて、ソマリア共和国となりました。しかし、一九六九年にクーデターが起こります。大統領を暗殺して軍部が実権を握り、国名を「ソマリア民主共和国」にあらためました。翌年には社会主義国家となることを宣言し、ソマリ社会主義革命党による独裁体制になります。

その一方で、クーデターによって大統領に就任したモハメド・シアド・バーレは、「大ソマリ主義」を唱え、ソマリ族がひとつの国家を作るべきだと主張しました。ソマリアは人口の大部分がソマリ人ですが、隣国エチオピアのオガデンという地方にもソマリ人はいます。

バーレの主張は、彼らの民族意識を煽り立てました。

その結果、一九七七年に、オガデン地方に住むソマリ人がエチオピアからの分離独立を求めて反乱を起こします。軍事支援を行ったソマリアは、エチオピア軍と戦闘状態に入りました。

ここで介入したのが、ソ連とキューバです。ソマリアは社会主義国となりましたが、支援を受けたのはそちらではありません。エチオピアは、一九七四年に軍部が皇帝を逮捕して廃位に追い込み、**社会主義国家としてソ連の半衛星国**になっていました。そこからの分離独立をソ連が許すわけはありません。**ソマリア軍は、ソ連とキューバの支援を受けたエチオピア軍に撃破され、ソマリアは経済的にも大きなダメージを受けました。**

しかし、戦争で国が苦しい状態になったにもかかわらず、バーレ大統領は国内の所得格差が広がるような政治を行います。自分の出身地である南部の有力氏族を優遇し、北部の農産物などを輸出して得た外貨を南部の開発にばかり使ったりしたのですから、北部の不満が高まります。

そのためソマリア国内では反政府勢力が台頭し、武装闘争を始めました。一九九一年には、反政府勢力の統一ソマリ会議（ＵＳＣ）が首都モガディシュを制圧してバーレ大統領を追放します。しかし、これで一件落着とはなりません。それまで「反政府」で結束していた各勢力の間で、内部抗争が始まります。「敵の敵は味方」という形で共闘していたので、共通の敵がいなくなれば味方ではいられなくなってしまうのです。

■内戦の過程でイスラム原理主義が台頭

ここからが、ソマリア内戦の始まりです。バーレ大統領を追放した半年後の一九九一年六月には、かつてイギリス領だった北部地域が「ソマリランド共和国」として独立を宣言し、ソマリアは南北に分裂します。

さらに、南部のＵＳＣもモハメド大統領の一派と軍部のアイディード将軍の一派が対立し、内輪モメ状態となりました。アイディード派の攻撃を受けたモハメド大統領は、首都のモガディシュから脱出。一九九一年一二月、国連にＰＫＯ部隊の派遣を要請しました。

その一年後、国連安保理は米軍を中心とする多国籍軍をソマリアに派遣します。これに対抗して、アイディード将軍は国連に宣戦布告を行い、パキスタン軍の兵士二四名を殺害しました。それをきっかけに、一九九三年一〇月、米軍とソマリア軍の間で「モガディシュの戦闘」と呼ばれる激戦が始まりました。

この戦闘を計画した米軍はアイディード派の幹部二人を捕らえることを目的としており、当初は「三〇分程度で作戦終了」という腹づもりだったと言います。ところが予想外の激しい抵抗に遭い、所期の目的は達成したものの、一五時間もの戦闘になってしまいました。しかも、二機のヘリコプターを撃墜され、一八名もの米兵が殺害されています。

後にその米兵の遺体は裸にされ、住民に引きずり回されました。その残酷な映像がアメリカのニュース番組で流されると、アメリカ国内で「ソマリアから撤退すべし」という声が高まります。**戦場の現実を目の当たりにしたことで世論が厭戦ムードに包まれるのは、ベトナム戦争と似た展開と言えるでしょう。**翌一九九四年、クリントン政権はソマリアからの撤退を決定しました。

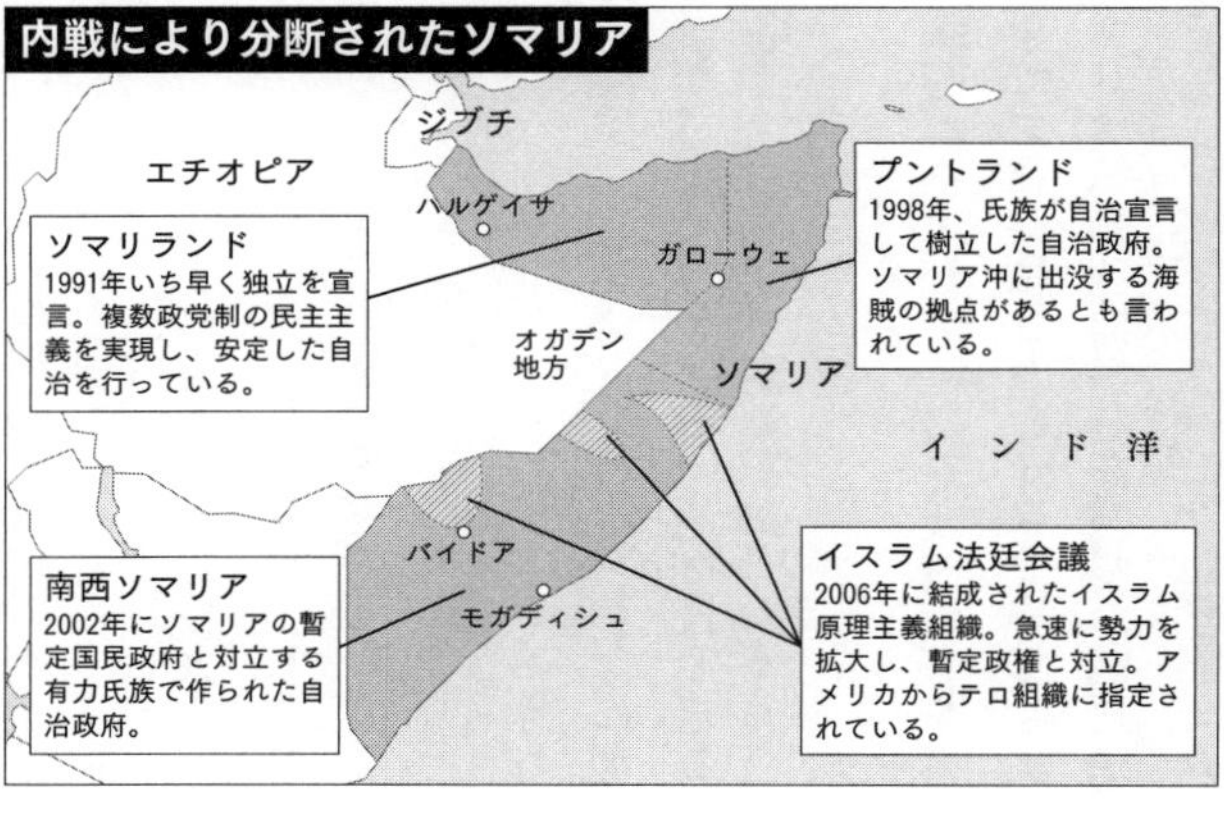
内戦により分断されたソマリア
ジブチ
エチオピア
ハルゲイサ
ガローウェ
オガデン
地方
ソマリア
インド洋
バイドア
モガディシュ
ソマリランド
1991年いち早く独立を宣言。複数政党制の民主主義を実現し、安定した自治を行っている。
プントランド
1998年、氏族が自治宣言して樹立した自治政府。ソマリア沖に出没する海賊の拠点があるとも言われている。
南西ソマリア
2002年にソマリアの暫定国民政府と対立する有力氏族で作られた自治政府。
イスラム法廷会議
2006年に結成されたイスラム原理主義組織。急速に勢力を拡大し、暫定政権と対立。アメリカからテロ組織に指定されている。

多国籍軍の中心的存在である米軍が撤退したのでは、国連のＰＫＯ活動も継続できません。一九九五年三月には、ＰＫＯ部隊が完全に撤収しました。

その後は、アイディード派も分裂して戦い始めましたから、収拾がつきません。一九九八年七月には北東部の氏族がプントランド共和国の樹立を宣言したり、二〇〇二年四月には暫定政府と対立する有力氏族が南西部地域の自治政府（南西ソマリア）の樹立を発表したりするなど、ソマリア情勢は混迷の度合いを深めます。

そうこうしているうちに、南部では「イスラム法廷会議」（ＩＣＵ）というイスラム原理主義組織が台頭しました。女性の権利を押さえつけるなど、アフガニスタンのタリバンに似た組織です。二〇〇六年六月には、このイスラム法廷会議が首都モガディシュを制圧しました。アルカイダとも関係があるのではないかと疑われる組織ですから、こうなるとソマリアから軍を撤退させたアメリカも放ってはおけません。

また、イスラム原理主義者の台頭は、キリスト教国の隣国エチオピアにとっても憂慮すべき事態です。そのためエチオピアは、数千人の部隊をソマリアに駐留させ、イスラム法廷会議と戦うソマリアの暫定政権に武器を供与しました。ソマリアへの武器供与を禁じた国連決議に反する行動でしたが、アメリカがそれを支持したこともあって、エチオピアは引き下がりません。

■アル・シャバブに合流を求めるＩＳ

そして二〇〇六年一二月、暫定政権の拠点であるバイドアで、イスラム法廷会議とエチオピア軍が戦闘状態に突入します。国連安保理では「外国軍隊の即時撤退」が提案されましたが、イギリスとアメリカが反対したため採決にも至りません。

戦闘は、エチオピア軍と暫定政府軍の勝利に終わりました。そこには、米軍の特殊部隊もアドバイザーとして参加していたことが後に判明しています。ソマリランドやプントランドなどの一部の地域を除いてソマリア全土を制圧したとはいえ、外国勢力の力を借りているのですから、暫定政府の基盤は強くありません。エチオピア軍の駐留に反対する市民のデモも起こり、軍や警察との銃撃戦も発生しました。そのため国連が仲介に入り、エチオピア軍は二〇〇九年に撤退することが決まります。

イスラム法廷会議も、消えてなくなったわけではありません。残党がソマリア再解放同盟という組織を結成する一方、若手集団がアル・シャバブ（青年部）という別組織を作ります。急速に勢力を拡大したアル・シャバブは、二〇〇九年一月にソマリア暫定議会のあるバイドアを占拠。二〇一〇年一二月にはソマリア南部のほとんどを掌握するほどになりました。

そこで、今度はケニア軍がソマリア暫定政府軍とタッグを組みます。アル・シャバブがケニアを脅かす存在になっていたからです。これをきっかけにアル・シャバブは形勢不利になり、二〇一二年、拠点にしていたキスマヨという都市を暫定政府に明け渡しました。その年の九月には選挙で大統領が選ばれ、一一月には内閣が発足。それまで「暫定」だった政府は外国からも承認され、正式なソマリア政府となりました。

このように、植民地支配からの独立後にソマリアがたどった道筋は実に複雑です。自衛隊が海賊対策のためにソマリア沖に派遣されているので、日本人の多くはソマリアと聞くと「あの海賊の出るところでしょ?」と反応するかもしれません。ソマリア国内で内戦が続き、仕事を失った者たちが海賊になっていたのです。ソマリアはこの三十数年間、ソ連、キューバ、アメリカ、エチオピアなどの外国勢力もからみながら、混乱をきわめていました。

しかも、その内戦が生んだイスラム原理主義組織のアル・シャバブはまだ健在です。二〇一二年には、アルカイダへの忠誠を宣言していました。これは当然、アメリカの攻撃対象になります。実際、アメリカは二〇一四年九月に行った対テロ作戦で、アル・シャバブの指導

ソマリアは代理戦争によって内乱が激化した	
1960年	イギリス領がソマリランド国として独立。その５日後には南部のイタリア領も独立し、南北統合でソマリア共和国が発足
1969年	バーレ少将がクーデターを起こし大統領暗殺。軍部が実権を握り、国名をソマリア民主共和国に変更。社会主義国家を宣言。
1977年	オガデン戦争勃発
	ソマリア軍（アメリカ・中国・ルーマニア）VS **エチオピア軍**（ソ連・キューバ）
	ソマリア内乱の始まり
1988年	冷戦の終わりとともに10年もの戦争が終結
1991年	弱体化したバーレ大統領は反対派の弾圧を強化。しかし反政府勢力統一ソマリ会議（ＵＳＣ）に首都を制圧され、モガディシュから逃亡した
1991年	イギリス領だったソマリア北部が**ソマリランド**と自称し、独立宣言
1991年	ＵＳＣアイディード将軍派から攻撃されたモハメド一派アリ・マフディ暫定大統領が国際連合に対しＰＫＯ部隊派遣を要請。翌年、国連は、ＰＫＯ部隊として多国籍軍を派遣
1993年	アイディード将軍は国連に対して宣戦布告
	ソマリア軍 VS アメリカ軍
1995年	国連ＰＫＯ部隊撤退
1998年	ソマリア北東部の氏族が自治宣言。**自治政府プントランド共和国**を樹立
2002年	**南西ソマリア**が独立宣言
2005年	暫定連邦「政府」（ＴＦＧ）成立
2006年	バイドアにて暫定政府軍と**イスラム法廷会議（ＩＣＵ）**の内戦が勃発
	ソマリア軍（エチオピア）VS **イスラム法廷会議軍**
2009年	イスラム法廷会議軍の青年集団アル・シャバブが、バイドア占拠
	暫定政府軍（ケニア）VS **アル・シャバブ軍**
2012年	暫定政府が国として諸外国から承認され、正式にソマリア政府に

者アハマド・アブディ・アウ・ムハンマドを殺害しました。

そのアル・シャバブを取り込もうとしたのが、ISです。二〇一五年五月には、アルカイダから離反して自分たちISに合流し、欧米との対決に加わることをアル・シャバブに求めるビデオを公開しました。ISとの連携という点では、「ナイジェリアのタリバン」と呼ばれる過激組織「ボコ・ハラム」の動向も気になります。ボコ・ハラムは二〇一五年、ISに忠誠を誓いました。アル・シャバブがISに合流することはなかったようですが、反米勢力としてテロを続けることは間違いないでしょう。

ソマリアの内戦は、もともと冷戦下でソ連とキューバが介入したことから始まりました。それが現在では、イスラム過激派とアメリカの対立構造の一部になっている。ある意味で、戦後七四年を象徴するような成り行きと言えるかもしれません。

■CIAが画策したカンボジアのクーデター

次に、アジアにおける「代理戦争」をひとつ紹介しておきましょう。

アジアでは、すでに取り上げた朝鮮戦争とベトナム戦争も、米軍が直接介入した点で、東西冷戦を反映したものでした。しかしもうひとつ、戦後七四年を振り返る上で忘れることのできないものがあります。一九七〇年から一九九三年まで続いたカンボジアの内戦です。これも、東西の両陣営が現地勢力を支援した「代理戦争」でした。

第二次大戦の終結から四年後の一九四九年にフランス領インドシナから独立したカンボジアは、ノロドム・シアヌーク国王によって統治されていました。その国際的な立ち位置を難しくしたのは、隣国で始まったベトナム戦争です。

カンボジアはベトナムの支配を受けたこともある国ですから、インドシナの大国を敵に回すわけにはいきません。しかも、北ベトナムが南ベトナム解放民族戦線に支援物資を送る「ホーチミン・ルート」はカンボジア領内を通ります。東西冷戦が始まって以来、シアヌークはどちらの陣営にも属さない中立的な政策をとっていましたが、ベトナム戦争では反米的な態度をとらざるを得ませんでした。

ベトナムで苦戦しているアメリカはこれを何とかしようと考えます。そこで、ＣＩＡが裏で糸を引いてクーデターを起こさせます。一九七〇年三月、シアヌークがモスクワを訪問中のことでした。将軍のロン・ノルが首相の座に就いたのです。アメリカの強い支援もあって、この権力委譲は正統なものとして国際社会に認められました。

祖国に帰れなくなったシアヌークは、中国政府の支援を受けて北京に住みながら、カンボジア共産党と組んで反ロン・ノルの共闘組織「カンプチア民族統一戦線」を結成します。そのカンボジア共産党の指導者が、あのポル・ポトでした。

しかし、後にポル・ポトがどんなことをやるのか、当時はまだ誰も知りません。米軍がカンボジア領内の北ベトナム軍基地を叩くために爆撃を繰り返し、農村の若者たちを怒らせたこともあって、ポル・ポトらが中心となって広めた反ロン・ノル、反米軍のゲリラ活動は農村で強い支持を得ました。

一九七三年に米軍がベトナムから撤退すると、後ろ盾をなくしたロン・ノル政権は一気に弱体化します。もともとベトナム戦争のために成立させた政権ですから、アメリカは関心を失います。ロン・ノルは一九七五年四月に国外へ亡命します。カンプチア民族統一戦線の軍

ベトナム戦争に巻き込まれたカンボジア

北ベトナムから南ベトナム民族解放戦線まで続くホーチミン・ルート

隊が首都プノンペンを陥落させたのは、隣国で北ベトナムがサイゴンを陥落させる一三日前のことでした。

■知識人を敵視したポル・ポト政権

ここから、カンボジア国民にとっては悪夢のような時代が始まります。特にプノンペン市民は、「ようやく内戦が終わった」とポル・ポトの軍隊を歓迎したことを、たちどころに後悔したでしょう。**二〇〇万人のプノンペン市民が財産や身分を剝奪されて市内から追い出され、郊外の農村へ強制移住させられたからです。**

農村でゲリラ戦を戦ってきたポル・ポト派は都市の住民を敵視しており、「都市住民の糧《かて》は都市住民自身に耕作させる」という考え方を持っていました。もちろん、それは住民を追い出すための口実にすぎません。資本家や学者などが都市からいなくなれば、自分たちの地位は安泰になると考えたのです。都市から追い出すだけでなく、反乱分子になりそうな人間は容赦なく処刑されました。カンボジアの発展に尽くそうと外国から戻ってきた留学生や企業家なども殺害されています。

ポル・ポト政権がとりわけ強く敵視したのは、知識人でした。読み書きのできる者はもちろん、メガネをかけているだけで「知識人」と見なされて殺されたほど。その根底には、「原始共産制」とも言うべき思想がありました。

ポル・ポト政権の政策は、実に極端なものです。貨幣は廃止され、宗教は禁止。そのため寺院は破壊されました。さらに、学校や病院も廃止になり、国民はみんな共同農場に所属させられます。家族も解体され、全員が黒い農民服を着て一緒に食事をする。子どもたちは五歳か六歳で親から引き離されました。

親米派のロン・ノルによって追放されたシアヌーク国王

そうやって農場で働く国民に、教育や知識など必要ありません。**「肉体労働がすべての基本」です。その思想を徹底して知識人を抹殺し、教育も行わなかったために、カンボジアには読み書きのできる国民がほとんどいなくなってしまいました。**しかし専門知識がなかったため、肝心の農業もうまくいかず、カンボジアでは飢餓も広がります。

そのように国民を苦しませる一方で、ポル・ポトは反ベトナムの姿勢を強めました。国民の間に政府への不満が高まってきたときは、外に敵を作るのが権力者の常道です。昔から何度もベトナムの侵略を受けてきたカンボジア国民は、もともと反ベトナム意識を持っていますから、それを利用しない手はありません。**「政府のやっていることは正しいのにカンボジアの国民生活が苦しいのはベトナムのせいだ」というありもしないストーリーをでっち上げたポル・ポト政権は、一九七八年一月からベトナム領内への攻撃を繰り返しました。**

■ポル・ポトは毛沢東《もうたくとう》路線の失敗に学ばなかった

これに対してベトナムは、自国内に逃げ込んでいたカンボジア難民に救援を求められたという体裁を取って、反撃しました。かつてポル・ポト軍の幹部だったヘン・サムリンを議長とする「カンプチア救国民族統一戦線」を組織し、それを先頭に立ててカンボジアに侵攻したのです。一九七九年一月のことでした。

ポル・ポト政権はわずか二週間で崩壊し、ヘン・サムリン政権が樹立されました。このとき世界は初めて、ポル・ポト政権下のカンボジアで何が起きていたのかを知り、愕然《がくぜん》とします。カンボジア国内のあらゆる場所から、掘ればいくらでも白骨死体が出てきたのです。**三年八カ月の間に粛清や飢餓によってポル・ポト政権の犠牲になった人々の数は、一〇〇万人とも三〇〇万人とも言われています。**人口わずか六〇〇万人の国でそれだけの犠牲者が出たのですから、この世の地獄としか言いようがありません。

ではなぜ、このような悲劇が起きてしまったのでしょうか。

文化大革命が始まる時期に中国にいたことのあるポル・ポトは、毛沢東の影響を受けていました。そこで、「共産主義とはこういうものだ」と思い込んだのでしょう。中国で毛沢東のやろうとしたことをカンボジアで極端に推し進めたのが、ポル・ポト政権です。

しかし、成功例に学ぶならともかく、毛沢東路線は中国で大失敗に終わっています。中国

共産主義社会を実現しようとしたポル・ポト

は、経済でアメリカやイギリスを追い越すべく、一九五八年から一九六〇年にかけて「大躍進政策」という農業と工業の大増産政策を実施しましたが、社会は大混乱に陥り、二〇〇〇万人とも五〇〇〇万人ともいわれる餓死者を出してしまいます。毛沢東が自己批判をしたのは、生涯でこのときただ一度だけでした。

その後、いったん国家主席を辞任した毛沢東が権力復帰を画策して起こしたのが、文化大革命です。つまりポル・ポトは、大躍進政策が失敗に終わった後の中国にいた。にもかかわらず毛沢東の真似をしたのは、

カンボジア内戦は中米、中ソの代理戦争だった

1949年	ノロドム・シアヌーク国王がフランス領インドシナからカンボジアの独立を宣言
1964年	ベトナム戦争勃発。カンボジアは中立の立場に
1970年	ＣＩＡが仕組んだ軍事クーデターにより、シアヌーク政権は崩壊 ロン・ノルが首相となり、親米のクメール共和国が誕生
1975年	ベトナム戦争終結。ロン・ノルと共産主義勢力クメール・ルージュ（ポル・ポト派）が対立
	ロン・ノル軍（アメリカ）VS クメール・ルージュ軍（中国）
	ポル・ポト派の勝利。以後、弾圧が始まる
1978年	ベトナムがカンボジアからの難民とともに「カンプチア救国民族統一戦線」を組織しポル・ポト派と交戦。クメール・ルージュ体制は崩壊し、親ベトナムの新政府が樹立
1979年	中ソ対立からソビエト連邦と関係の強いベトナムと中国との対立が表面化。カンボジア侵攻への懲罰としてベトナムを攻撃（中越戦争）
	ベトナム軍（ソ連）VS（中国）
1989年	ベトナムがカンボジアから撤退
1995年	ベトナムがＡＳＥＡＮに加盟
1999年	カンボジアがＡＳＥＡＮに加盟

大躍進政策の実態が極秘にされていたからでしょう。

情報がないのでは、人間は歴史に学ぶことができません。それは、ベトナム戦争と湾岸戦争の印象の違いを比べても明らかです。自由な報道がなされたベトナム戦争では、戦場の実態がリアルに伝わり、反戦運動が盛り上がりました。逆に、報道が規制された湾岸戦争は、「きれいな戦争」だったかのように誤解されています。

そして、過去に何が起きたかを正しく知らなければ、人間は反省することができません。戦後の世界は多くの国々が過ちを繰り返してきましたが、その中でもポル・ポト政権の犯した過ちは最大級のものだったといえるでしょう。

■ASEANに社会主義国のベトナムが加盟。その意味とは

ポル・ポト政権が打倒されて以降も、カンボジアでは内戦が続きました。その背景にあったのは、ベトナムと中国の対立です。

当時の中国は、ソ連との関係が悪化していました。一方のベトナムは、アメリカと中国が国交を回復して以来、ソ連との結びつきを強めています。「敵の仲間は敵」ですから、中国はベトナムがカンボジアに侵攻したことが気に入りません。

そのため、親ベトナムのヘン・サムリン政権が成立した直後の一九七九年二月、中国はベトナムを攻撃しました。これが「中越戦争」です。

しかし、当時の中国人民解放軍は、外国に侵攻できるほどの実力を持ち合わせていませんでした。一方のベトナム軍は、ソ連からの軍事援助を受け、米軍が南ベトナムに残した大量の兵器を持ち、しかも対米戦争を経て練度が上がっています。惨敗した人民解放軍は、翌月にはベトナムから撤収してしまいました。

中国はその後、カンボジアとタイの国境付近に逃げ込んでゲリラ活動を始めたポル・ポト派に武器や弾薬を供給することで、ベトナムに対抗します。それに力を得たポル・ポトは、タイの難民キャンプに逃げ込んだカンボジア難民を組織して、再び自分の軍隊を編成しました。**こうして、ベトナム対中国の代理戦争のような形で、再びカンボジア人同士が殺し合う状態になってしまったのです。**

国際社会では、ヘン・サムリン政権を傀儡《かいらい》として使いながら長くカンボジアに駐留するベトナム軍への批判も高まりました。一九八四年の東南アジア諸国連合（ＡＳＥＡＮ）外相会議では、駐留ベトナム軍に対する共同非難宣言も採択されます。しかしベトナム軍はカンボジア内戦への介入をやめず、一九八五年一月には反ベトナム派の拠点に攻勢をかけ、相手の軍事力を壊滅状態にまで追い込みました。

しかし、東西冷戦の終結が近づくにつれて、カンボジア情勢も大きく変化します。経済危機に陥ったソ連からの支援が受けられなくなると、ベトナムとしてはいつまでもカンボジアに駐留してはいられません。自国の経済にダメージを与えることになってしまいます。それに、国際社会からの経済援助を受けるためには、批判を受けているカンボジア駐留をやめたほうが得策でした。

結局、ベトナム軍は一九八九年九月にカンボジアから撤退します。ここでようやく、カンボジア和平へ向けた気運が高まりました。一九九〇年六月には日本でカンボジア和平東京会議、翌一九九一年一〇月にはフランスでカンボジア和平パリ国際会議が開催され、対立していた各派が最終合意文書に調印。これによって内戦が終結すると、翌一九九二年から明石《あかし》康《やすし》さんが事務総長特別代表を務める国連カンボジア暫定統治機構（UNTAC）が活動を始めました。そして一九九三年、国連の監視下で総選挙が行われ、シアヌークの次男ラナリットを第一首相、カンボジア人民党のフン・センを第二首相とする「二人首相制度」の新政権が誕生したのです。日本の自衛隊がカンボジアに派遣されたことを覚えている方も多いでしょう。このときはUNTACの任務として、陸上自衛隊の施設部隊が戦乱で破壊された道路や橋の補修に当たりました。

また、一九九五年にはベトナムが、一九九九年にはカンボジアが、ASEAN加盟国となりました。**ベトナム戦争が行われていた一九六七年に成立したASEANは、東南アジアの共産化を防ぐために作られたものです。そのASEANにベトナムが加盟したのは、冷戦の終わりを象徴する出来事といえるでしょう。**もはやASEANは社会主義への防波堤ではなく、イデオロギーの違いを超えた東南アジアの地域共同体としての存在感を期待されているのです。

第八章

バックミラーに見える歴史から学ぶこと

■私たちは「戦後」をいつまで続けることができるか

こうして第二次世界大戦後の七四年を振り返っていると、「戦後」という言葉が空しく感じられてくる人もいるでしょう。高度経済成長期の日本では『戦争を知らない子供たち』という反戦ソングがヒットしましたが、日本人が「戦後」の平和を謳歌《おうか》している間も、世界では常にどこかで戦火が交えられ、多くの犠牲者が出ていました。**世界には、むしろ「戦後を知らない子どもたち」のほうが多いかもしれないぐらいです。**

いや、日本国内も決して戦争と無縁だったわけではありません。

たとえば沖縄は、アメリカの統治下にあった時代から現在に至るまで、米軍基地の問題を抱えています。朝鮮戦争でもベトナム戦争でも、米軍は沖縄の基地から戦場へ向かっていきました。日米同盟によって、日本はアメリカの世界戦略に組み込まれています。冷戦下では「西側」の一員として一定の役割を果たしましたし、冷戦終結後も湾岸戦争やイラク戦争で米軍を支援しました。

その意味では、日本にも世界にも「戦後」などなかったのではないかと言いたくもなります。太古の昔に武器を手にして以来、人類社会はずっと「戦中」だという言い方もできるでしょう。

とはいえ、「戦後」という枠組みにまったく意味がないわけではありません。一九四五年以降、人類は破滅的な規模の世界大戦だけは防いできました。キューバ危機を見ればわかるように、それは「恐怖の均衡」という薄氷を踏むような手段によるものですが、とにかく第三次世界大戦は起きていません。もしそれが勃発したら、その時点で「戦後」は終わりです。いつまでも「第二次大戦後」の世界でいつづけることが、私たち人類にとって最低限の努力目標だと言えるでしょう。

第一次大戦後の国際社会は、その目標を達成できませんでした。あのときは、「戦後」がほんの二〇年程度で終わっています。

もちろん、大戦を反省しなかったわけではありません。「戦争はもうごめんだ」と懲りて、それを防ぐ手立ても講じられました。その最たるものが、人類史上初の国際的平和機構である国際連盟の設立です。

国際連盟は、「世界大戦」が終わる前から準備されていました。一九一八年一月、アメリカ大統領のウッドロウ・ウィルソンが、議会の演説で発表した「一四ヵ条の平和原則」の中で「国際平和機構の設立」を提唱したのが最初です。終戦後のパリ講和会議でも、それが重要な議題となりました。

一九二〇年一月に発足した段階での原加盟国は、イギリス、フランス、イタリア、日本など四二カ国。日本は常設委員会の常任理事国のひとつでした。さらに一九二六年には敗戦国のドイツ、一九三四年にはソ連も常任理事国として加盟します。その時点で、加盟国数は最大の六〇カ国になりました。

■国際連盟の失敗に学んで生まれた国際連合の「拒否権」

ところが、最初から最後まで国際連盟に加盟しなかった大国があります。「いい出しっぺ」のアメリカです。自国の大統領が提唱した国際機関であるにもかかわらず、モンロー主義(孤立主義)を貫く上院の反対で、国際連盟設立の根拠となる条約が批准されませんでした。そのため国際連盟は、スタートしたときから基盤の弱いものになってしまったのです。

日本は新渡戸稲造《にとべいなぞう》が事務局次長に選出されるほど国際連盟で重要な地位を占めていましたが、満州事変をきっかけにして、一九三三年に脱退しました。中華民国の提訴を受けて連盟から派遣されたリットン調査団が「満州事変は日本の正当防衛には当たらない」と結論づけ、満州を中国に返還することを求めた報告書が総会で承認されたからです。全権大使の松岡洋右《まつおかようすけ》は、「もはや日本政府は連盟と協力する度量の限界に達した」と表明して、議場から立ち去りました。

　同じ年にヒトラー内閣が成立したドイツも、軍備の制限などを不満として連盟を脱退します。さらにイタリアも、エチオピア侵略に対する経済制裁などに反発して一九三七年に脱退しました。「枢軸国」と呼ばれる日・独・伊が揃って国際連盟を脱退したことで、第二次世界大戦へのレールが敷かれてしまったわけです。

　そのため、第二次大戦後の一九四五年に発足した国際連合（United Nations）は、国際連盟の失敗から得た教訓をもとにつくられました。国際連合が国際連盟といちばん大きく異なるのは、意思決定

国際連盟総会で演説後、退場する松岡洋右。日本の新聞は「わが代表堂々退場」と報じ国内では英雄として扱われた

の手続きです。

国際連盟は加盟国に平等な議決権が与えられていましたが、国際連合では安全保障理事会の常任理事国に拒否権を認めました。第二次大戦の戦勝国であるアメリカ、イギリス、フランス、ロシア（当初はソ連）、中華人民共和国（一九七一年までは中華民国）の五カ国です。安全保障理事会は、これに任期二年の非常任理事国一〇カ国を加えた一五カ国で構成され、議案の可決には五つの常任理事国を含めた九カ国の賛成を得なければなりません。常任理事国が一カ国でも反対すれば、ほかの一四カ国が賛成でも否決されるわけです。

誰がどう見ても不公平なシステムですが、これは国連を機能させるための苦肉の策だと言えるでしょう。国際連盟を脱退した日・独・伊は、いずれも常設委員会の常任理事国でした。重要な位置を占める大国に脱退されたのでは、安定した機構にはなりません。そんなことになるよりは、気に入らない議案には拒否権を発動して国連の枠組みにとどまってもらったほうがいい、という考え方です。

しかし、たしかに拒否権を与えれば大国の脱退は防ぐことができますが、議決に多数意見が反映されなければ、意思決定はままなりません。しかも、拒否権を持つ常任理事国には、東西冷戦で対立した米ソ両大国が含まれています。そのため**国連による紛争の調停などがな**

かなか機能せず、「国際社会の意思」よりも「アメリカやソ連の意思」が優先され、小国の戦争や内戦などが大国の思惑に振り回されることになりました。

■バックミラーに映る風景から「未来」を予想する

もっとも、国連が発足したのはジョージ・ケナンが長文電報でソ連の封じ込めを提言する前のことですから、当初は戦後の冷戦構造までは予見していなかったでしょう。また、最初に常任理事国となった「中国」は、共産党の中華人民共和国ではなく、国民党の中華民国でした。

ソ連と中国を含めて、安保理の常任理事国はいずれも第二次大戦の戦勝国ですし、そもそも「United Nations」は直訳すれば「連合国」のことです。**いまだに日本やドイツなどに関する「敵国条項」が残っていることからもわかるように、もともとは戦勝国クラブのようなものでした。**ＧＨＱが日本を「二度と戦争のできない国」に生まれ変わらせたように、「勝った国が負けた国を押さえ込む」のが戦後秩序の基本であり、国連も基本的にはそういう構造です。

ところがその戦勝国同士が、冷戦によって核戦争勃発寸前になるまで厳しく対立するようになりました。これは、いささか想定外の展開だったのではないでしょうか。

人間の社会が将来どうなるかを完全に知ることはできません。私たちは未来に向かって進んでいますが、その未来は見ることができない。できるのは、過去の出来事から未来を予想することだけです。

これは、いわばバックミラーを見ながら車を運転しているようなものでしょう。バックミラーは後続車との距離を知るだけのために見ると思っている人もいますが、そうではありません。バックミラーに映る風景を見ることで、たとえば進行方向に崖が近づいているのがわかることもあります。それによって、あらかじめ危険を回避する準備ができることもあるでしょう。

私たちが歴史を学ぶのも、バックミラーに映る人間社会の営《いとな》みを見ることで、未来に待っている危機を予測するためです。未来のことはわからない以上、危機を回避するためのヒントは過去にしかありません。

その意味で、**第二次大戦後の国際社会は、懸命にバックミラーを覗《のぞ》くことで、大戦争を避ける努力をしてきました。**国連安保理が拒否権を導入したのも、その結果のひとつです。二度目の世界大戦を防げなかった国際連盟の失敗に学んで、ベストではないけれどベターな選択をした。それが新たな機能不全を招いているのもたしかですが、その失敗もまたバックミラーには映っています。常に真後ろの風景しか映らない車のバックミラーと違って、歴史というバックミラーには過去の風景がすべて蓄積されて残っています。それを見ながら、少しずつ軌道修正していくしかありません。

ただし、バックミラーを見れば必ず軌道修正できるわけではないのも事実です。そこには、過去の失敗だけではなく、成功体験も映っています。見るタイミングによって映る風景が違うので、父親のブッシュ大統領がベトナム戦争の失敗に学んで湾岸戦争を成功させた後、息子のブッシュ大統領がそれだけを見て崖に突っ込んでしまうようなことも起きてしまうのです。

■民主主義の怖さを誰よりも知るドイツ

第二次大戦直後、バックミラーにもっとも悲惨な風景が映っていた国は、やはりドイツでしょう。ヒトラーのナチスによるホロコーストは、人類史上でも稀《まれ》に見るほどの異常な政治行動でした。

しかしそこで忘れてならないのは、そのナチス政権がクーデターのような暴力的な手段で成立したのではないことです。**ヒトラーは、当時のワイマール憲法に定められたまっとうな民主的手続きによって、ドイツ国民から政権を与えられました。**しかもワイマール憲法は、当時の他国の憲法とくらべてもかなり進歩的なものです。二〇歳以上の男女による普通選挙を実施していたのですから、女性に参政権を与えていなかった大日本帝国憲法よりもはるかに民主的な内容でした。

ですから、戦後ドイツのバックミラーに映っていたのは、ヒトラーやナチスの幹部たちだけではありません。カンボジアのバックミラーにはポル・ポトの姿だけが映っているでしょうが、ドイツの場合、独裁者を熱狂的に支持した国民の姿も映っています。ヒトラーの演説に拍手喝采を送った国民の支持がなければ、ナチス政権は誕生しませんでした。**本当に怖いのは異常な独裁者ではなく、それを支える国民の熱狂なのです。**

戦後のドイツは、それをよく知っていました。そのため、新たに作った憲法（ドイツ基本法）では、過去の教訓を活かしてある軌道修正を施しています。あまり知られていないかもしれませんが、戦後のドイツ基本法には「国民投票」の規定がありません。直接投票で意思決定を行うと、また国民の間に何らかの熱狂が広がったときに、どんな間違いを犯すかわからないと考えたのです。物事を冷静に判断して意思決定を行うには、選挙で選ばれた国会議員に任せる間接民主制を貫いたほうがいい。ほかのどの国よりも「民主主義の危うさ」を知っているドイツならではの発想です。

しかし、これはドイツだけが考えればいい問題ではありません。なにしろ「国民の意見を直接聞かないほうがいい」という話ですから、納得のいかない人も多いとは思います。「むしろ政治家に任せるほうが怖い」と感じる人もいるでしょう。

でも、日本のバックミラーを見れば、やはり似たような風景が映っています。日中戦争や日米戦争は、当時、多くの国民に支持されました。一九四一年一二月八日に日本軍がハワイの真珠湾を奇襲したときは、著名な知識人たちも快哉《かいさい》を叫んだことが日記などに残されています。前述したとおり、戦争反対のキャンペーンを張った大阪朝日新聞は不買運動を起こされ、「イケイケどんどん」に方針を転換すると売上げ部数が伸びました。日本国民も戦争で気分が高揚して盛り上がっていたことはたしかです。

■「非国民」と「反日」

そのときによく使われたのが「非国民」という言葉でした。戦争反対を口にする人はもちろん、戦時体制に非協力的な態度を示したり、不自由な生活に不満をもらしたりするだけでも、非国民扱いされて白い目で見られたのです。それも、官憲からにらまれるだけではありません。普通の庶民も日常的に「非国民」という言葉を使い、近所同士で陰口をたたいたり、いじめたりしていました。

当時は国民の戦意高揚のために、「欲しがりません勝つまでは」「ぜいたくは敵だ!」「足らぬ足らぬは工夫が足らぬ」「進め一億火の玉だ」などといった戦時標語が次々と掲げられました。その運動を推進したのは、「国民精神総動員本部」という機関。国民が不満を持たずに戦争に協力するよう仕向けたわけですが、素直にそれに乗って「非国民」を糾弾した人も多かったのではないでしょうか。

そういう空気が国内を支配していたことを、戦後の日本人はそれなりに反省したはずでした。しかし現在の日本を見ていると、バックミラーに映っているその風景と似た状況になっているように感じます。

たとえばネット上では、「ネトウヨ(ネット右翼)」と呼ばれる種類の人たちが、かつての「非国民」に代わって「反日」もしくは「在日」というレッテルを好んで使うようになりました。彼らは基本的に、集団的自衛権の行使容認や靖国神社参拝など安倍政権の政策や思想に同調しています。その主張に反対する勢力は「反日的」と見なし、日本を嫌う韓国人の味方をしているという意味合いで「在日」と決めつけるのです。
　また、在日韓国人や在日朝鮮人に対して罵詈雑言を浴びせるヘイトスピーチも目立つようになりました。日中戦争時に日本陸軍が掲げた「暴《ぼう》支《し》膺懲《ようちょう》」というスローガンを思い起こさせるものです。「観光に来た中国人が『日本は本当にすばらしい国だった』と言っている」とか「韓国人が本音では『日本の科学技術にはかなわない』と思っている」とかいったネット記事を盛んに紹介し、「ほら見ろ」と溜飲を下げる日本人も増えました。

バックミラーに映るナチスドイツや旧日本軍のように、よその国や民族を一括りにして「あいつらは民度が低い」「文化的に遅れている」などと見下した態度を取るようになったら、その社会は非常に危険な状態です。

どの民族にも優秀な人はいますし、愚かな人もいるわけで、それは日本も同じでしょう。民族そのものに優劣などありません。そんな当たり前の常識も忘れ、根拠なく他者をバカにして「それに引き換え自分たち日本人は優

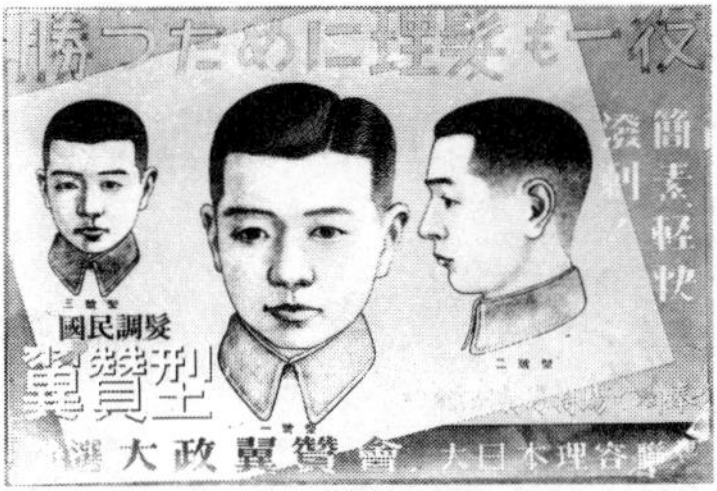

大政翼賛会が推薦した髪型「国民調髪・翼賛型」。生活のすべては戦争のために変えられた

れた民族だ」などと考えるのは、それこそが愚の骨頂です。

おそらく、自信がない人ほど他人を低く見て嘲笑したくなるのでしょうが、そういう言説がナチスを支持するドイツ国民の熱狂を生んだことを忘れてはいけません。バックミラーと目の前の鏡を見比べて、同胞を「非国民」と罵《ののし》った時代の日本人と現在の自分の顔が似てきたら要注意です。その先には、七四年前と同じ「過ち」が待っていると思ったほうがいいでしょう。

■バックミラーが曇っていた戦後日本

ただし戦後の日本という車は、バックミラーがやや曇った状態でこの七四年間を走ってきたように思えます。まったく過去を反省せずに生きてきたわけではありませんが、反省をするときに、過去の風景がクリアに見えていたわけでもない。本書の冒頭でお話ししたとおり、戦争の総括を東京裁判という形で他者に委ねてしまったことで、誰が何を間違えたのかという責任の所在が曖昧になったのです。

それがはっきりしないのでは、どこをどう反省すべきかも明確になりません。そこがドイツと大きく異なる点でしょう。

ドイツの場合、ナチスとそれを熱狂的に支持した国民の姿がはっきりとバックミラーに映っています。だから、言論の自由を制限してもホロコーストの否定やナチス礼賛を許さず、国民投票のような直接民主制を否定するなど、同じ過ちを繰り返さないための具体的な対策を立てることができました。

それに対して日本の場合、ヒトラーやナチスほど明白な「悪」の姿が見えません。「軍部が悪い」と言えばそうなのでしょうが、日本軍はナチスのようにトップダウンで全体が動くような組織ではありませんでした。本来、軍隊は上官の命令が絶対ですからトップダウンになるはずですが、日本軍は現場の判断を上層部が追認したケースが少なくありません。

たとえば、日中戦争の契機となった満州事変からしてそうでした。奉天《ほうてん》の軍閥指導者の乗る列車を爆破した一九二八年の張作霖《ちょうさくりん》爆殺事件も、満州事変の発端となった一九三一年の柳条湖《りゅうじょうこ》事件も、関東軍の陰謀によるものです。現場の独断による一連の行動は、陸軍中央の方針から逸脱しており、明らかな軍規違反でした。ところが中央の上層部は関東軍を暴走させた首謀者を処罰することもなく、その後も彼らが戦線を拡大していくことを追認したのです。

こうなると、責任の所在ははっきりしません。勝手なことをした関東軍の幹部はもちろん責められますが、上層部がそれを処罰しなかったのですから「自分は悪くない」と弁解することができます。しかし陸軍中央のほうも、「そんな命令は出していない」と弁解できないこともないでしょう。そういうはっきりしない風景が、私たちのバックミラーには映っています。

対米戦争についても、開戦の責任がアメリカ側にあると考える人は少なくありません。日本はアメリカと戦争などしたくなかったのに、アメリカはあえて対日戦争を避ける努力をせず、ハル・ノート（開戦前の日米交渉でコーデル・ハル国務長官が提示したアメリカ側の提案文書。正式名称は「日米間協定の提案の基礎的概要」Outline of Proposed Basis for Agreement Between the United States and Japan）という過酷な内容の最後通牒を突きつけて、開戦を決断せざるを得ない状況に日本を追い込んだという見方です。たしかに、そういう側面もあったでしょう。

しかもアメリカは、最後に原爆投下という禁じ手も使いました。これについては、日本は明らかな「被害者」です。第二次世界大戦中のドイツに、そのような局面はないでしょう。第一次大戦後に請求された莫大な戦時賠償という同情の余地がなくはありませんが、誰がどう見てもドイツは全面的に「加害者」です。その点で、バックミラーを曇らせる要素はありません。しかし日本には、加害者でありながら被害者でもあるという二面性があります。これも、戦後の反省を曖昧なものにした一因でしょう。

■どうすれば「過去の過ち」を繰り返さないでいられるか

もちろん、過去の戦争に対する反省が不十分なのは日本だけではありません。

本書で振り返ってきた「戦後の戦争」を見ればわかるとおり、**この七四年間に起きた軍事衝突に深く関わってきたのは、世界中から反省を迫られた日本やドイツではなく、むしろ第二次大戦の戦勝国です。**二度と戦争を起こさないために国際連合を設立したにもかかわらず、そこで中心的な役割を果たすべき「連合国」のアメリカとソ連が、どれだけ多くの国際紛争を起こしてきたでしょうか。

そう考えると、これは人類社会全体の問題だと言わざるを得ません。このまま戦争という同じ過ちを繰り返していけば、いつかまた第三次大戦を上回る規模の大戦争が起きないとも限らないでしょう。未来に何が起きるかは、常に不透明です。平和な世界を築くためには、バックミラーをよく磨き上げて、そこに映る過去を冷静かつ謙虚に見直し、明確で具体的な教訓を得なければなりません。

そうでなければ、七四年前に原爆で犠牲になった人々も、安らかに眠ることができないのではないでしょうか。私たちがすべきは、単に「過ちは繰り返しません」と約束することではない。どうすれば過ちを繰り返さなくなるのかを、バックミラーを見ながら一生懸命に考え続けることなのではないでしょうか。

あとがき――戦争の教訓から学ぶために

戦後七四年が経ちました。終戦当時に一〇歳だった子どもも、もう八四歳です。戦場に実際に出た人となると、九〇を超えています。もはや私たちは、戦争当事者から生の体験談を聞くことができなくなりつつあるのです。

では、どうするのか。結局は、当事者の体験記や聞き書きを基にした書籍から知識を得るしかありません。

こうした体験記を読めば読むほど、戦争がいかに悲惨なものであるかを知ることになります。

ですが、戦争を二度と起こさないようにするためには、それだけでは不十分だと思うのです。なぜ戦争が起きたのか。なぜ戦争を途中でやめることができなかったのか。戦争から、どんな教訓を得たのか。これらをきちんと受け止め、分析することが必要なのではないでしょうか。

第二次世界大戦後には、二度と戦争を起こさないようにと、さまざまな仕掛けが作られました。国連＝国際連合も、そのひとつです。

しかし、東西冷戦が始まったことで、国連の舞台では、アメリカ対ソ連（ソビエト社会主義共和国連邦）の対立が激しくなり、国際紛争解決の手段としては無力であることが、しばしば起きました。

第二次世界大戦から得た教訓も、国によってさまざまでした。ソ連は、大戦でドイツ軍の侵略を受け、二七〇〇万人もの犠牲者を出したトラウマから、自国周辺に緩衝地帯を築こうと考え、東欧諸国を支配しました。東欧諸国は、独立した国家運営ができず、さまざまな悲劇が生まれました。

戦争の教訓が、次の悲劇を生む。実に皮肉なことでした。

一方のアメリカも、〝勝てなかった戦争〟であるベトナム戦争の教訓から、湾岸戦争では勝利を収めますが、湾岸戦争の勝利体験が、次のイラク戦争の失敗を引き起こします。

人間は、なんと愚かな存在であることか。現代史を振り返ることで、冷酷な現実に向き合うことになります。

日本に関していえば、過去の戦争の教訓から、戦後七四年、自衛隊は一人の戦死者を出すことくなく、自衛隊員が他国の兵士を殺害することもなく、平和に暮らすことができました。これは誇ってよいことです。

その一方、あの戦争をどう総括するかをめぐっては、国内でも意見が対立し、周辺国家との摩擦も絶えません。

戦争と戦後の歴史から、私たちは何を学ぶことができるのか。そして、戦後が「戦前」へと転化することがないようにするには、どうしたらいいのか。それを考える一助になれば、こんなに嬉しいことはありません。

この本は、祥伝社の編集者・松田祐子さんと岡部康彦さんの熱心なお勧めによって誕生しました。この形にするに当たっては、岡田仁志さんにお世話になりました。感謝しています。

ジャーナリスト・名城大学教授

池上　彰

切りとり線

★読者のみなさまにお願い

この本をお読みになって、どんな感想をお持ちでしょうか。祥伝社のホームページから書評をお送りいただけたら、ありがたく存じます。今後の企画の参考にさせていただきます。また、次ページの原稿用紙を切り取り、左記まで郵送していただいても結構です。

お寄せいただいた書評は、ご了解のうえ新聞・雑誌などを通じて紹介させていただくこともあります。採用の場合は、特製図書カードを差しあげます。

なお、ご記入いただいたお名前、ご住所、ご連絡先等は、書評紹介の事前了解、謝礼のお届け以外の目的で利用することはありません。また、それらの情報を6カ月を越えて保管することもありません。

〒101-8701（お手紙は郵便番号だけで届きます）
祥伝社　新書編集部
電話03（3265）2310
祥伝社ブックレビュー　www.shodensha.co.jp/bookreview

★本書の購買動機（媒体名、あるいは○をつけてください）

＿＿＿新聞の広告を見て	＿＿＿誌の広告を見て	＿＿＿の書評を見て	＿＿＿の Web を見て	書店で見かけて	知人のすすめで

★100字書評……世界から戦争がなくならない本当の理由

名前
住所
年齢
職業

池上 彰　いけがみ・あきら

1950年長野県生まれ。ジャーナリスト。慶応義塾大学経済学部卒業後、73年 NHK に入局。報道記者として、松江放送局、呉通信部を経て東京の報道局社会部へ。警視庁、気象庁、文部省、宮内庁などを担当。94年より11年間、NHK「週刊こどもニュース」でお父さん役をつとめ、分かりやすい解説が話題に。2005年に NHK を退社し、フリージャーナリストとして多方面で活躍。東京工業大学リベラルアーツセンター教授を経て、16年4月より名城大学教授、東工大特命教授。

世界《せかい》から戦争《せんそう》がなくならない本当《ほんとう》の理由《りゆう》

池上《いけがみ》 彰《あきら》

2019年 8 月10日　初版第 1 刷発行
2023年11月15日　　　第 8 刷発行

発行者……………辻 浩明
発行所……………祥伝社《しょうでんしゃ》
〒101-8701　東京都千代田区神田神保町3-3
電話　03(3265)2081(販売部)
電話　03(3265)2310(編集部)
電話　03(3265)3622(業務部)
ホームページ　www.shodensha.co.jp

装丁者……………盛川和洋
印刷所……………萩原印刷
製本所……………ナショナル製本

Printed in Japan　ISBN978-4-396-11578-4　C0230

〈祥伝社新書〉
日本と世界

497
日米対等 トランプで変わる日本の国防・外交・経済
トランプ勝利を予測した著者がアメリカ復活を断言、日本の進むべき道を示す
藤井厳喜

487
日本人と中国人 “同文同種”と思いこむ危険
名著復刊！　中国を知り、日本を知る最良の入門書
作家 陳　舜臣

486
日本人と中国人 なぜ、あの国とまともに付き合えないのか
名著復刊！　日中関係から読み解く「日本論」であり、すぐれた「日本人論」
イザヤ・ベンダサン／著　作家・評論家 山本七平／訳

408
イスラムの読み方 その行動原理を探る
その成り立ちから精神構造、行動原理までを説き明かす名著を復刊
山本七平　加瀬英明

504
外交官が読み解くトランプ以後
もはや20世紀の常識は通用しない。歴史的大変動を解説する
元・ヒューストン総領事 髙岡　望

〈祥伝社新書〉
近代史

377
条約で読む日本の近現代史
日米和親条約から日中友好条約まで、23の条約・同盟を再検証する
藤岡信勝 編著
自由主義史観研究会

411
大日本帝国の経済戦略
明治の日本は超高度成長だった。極東の小国を強国に押し上げた財政改革とは
ノンフィクション作家
武田知弘

472
帝国議会と日本人
なぜ、戦争を止められなかったのか
帝国議会議事録から歴史的事件・事象を抽出し、分析。戦前と戦後の奇妙な一致！
歴史研究家
小島英俊

357
物語 財閥の歴史
三井、三菱、住友をはじめとする現代日本経済のルーツを、ストーリーで読み解く
ノンフィクション作家
中野 明

448
東京大学第二工学部
なぜ、9年間で消えたのか
「戦犯学部」と呼ばれながらも、多くの経営者を輩出した〝幻の学部〟の実態
中野 明

〈祥伝社新書〉
昭和史

460
石原莞爾の世界戦略構想
希代の戦略家にて昭和陸軍の最重要人物、その思想と行動を徹底分析する
名古屋大学名誉教授 川田 稔

344
蔣介石の密使 辻政信
二〇〇五年のＣＩＡ文書公開で明らかになった驚愕《きょうがく》の真実！
近代史研究家 渡辺 望《のぞむ》

429
日米開戦 陸軍の勝算
「秋丸機関」の最終報告書
「秋丸機関」と呼ばれた陸軍省戦争経済研究班が出した結論とは？
昭和史研究家 林 千《ち》勝《かつ》

332
北海道を守った占《しゅむ》守《しゅ》島《とう》の戦い
終戦から3日後、なぜソ連は北千島に侵攻したのか？ 知られざる戦闘に迫る
自由主義史観研究会理事 上原 卓《たかし》

392
海戦史に学ぶ
名著復刊！ 幕末から太平洋戦争までの日本の海戦などから、歴史の教訓を得る
元・防衛大学校教授 野村 實《みのる》